首阳教育书系

王茂兴 / 著

《论语》可以这样读

陕西师范大学出版总社　西安

图书代号　SK24N2128

图书在版编目（CIP）数据

《论语》可以这样读 / 王茂兴著． -- 西安：陕西师范大学出版总社有限公司，2024. 11（2025. 2重印）．
ISBN 978 - 7 - 5695 - 4673 - 6

Ⅰ. B222.25

中国国家版本馆 CIP 数据核字第 2024WY5130 号

《论语》可以这样读
《LUNYU》KEYI ZHEYANG DU

王茂兴　著

责任编辑	于盼盼
特邀编辑	王　宇
责任校对	邱水鱼
封面设计	鼎新设计
出版发行	陕西师范大学出版总社
	（西安市长安南路 199 号　邮编 710062）
网　　址	http://www.snupg.com
经　　销	新华书店
印　　刷	西安市建明工贸有限责任公司
开　　本	720 mm×1020 mm　1/16
印　　张	12
字　　数	167 千
版　　次	2024 年 11 月第 1 版
印　　次	2025 年 2 月第 2 次印刷
书　　号	ISBN 978-7-5695-4673-6
定　　价	56.00 元

读者购书、书店添货或发现印刷装订问题，请与本社高等教育出版中心联系。
电　　话：(029) 85307864　85303622（传真）

前　言

读《论语》，我个人认为有三境界。

第一境界是把《论语》当成功学来读。这是一种功利的读书态度，古人有"半部《论语》治天下"之说，今人可各取所需，按自己的需求去读。当领导的可读取君道，当下属的可读取臣道，当父亲的可读取教子之道，当子女的可读取孝道，当老师的可读取教学之道，当学生的可读取求学之道，做生意的可读取经商之道……

第二境界是把《论语》当小说来读。这种阅读体验不同于阅读中国传统小说。著名学者金克木就曾说："《论语》是一部现代派或后现代派或未来派的小说。"中国传统小说情节性强，故事曲折，有吸引力，而《论语》则是人物的只言片语的记录，故事性不强。这就要求我们在突破文字的障碍后要反复阅读、慢慢咀嚼、细细品味，才有可能读出《论语》的味来。现代著名作家杨绛就说："读《论语》，读的是一句一句话，看见的却是一个一个人，书里的一个个弟子，都是活生生的，一个一个样，各不相同。"

第三境界是把《论语》与佛道经典互参来读。儒道释看似三家，实则一家，是相通的，都是让人觉悟的书。到了这一境界，你才会发现三家的思想是何其相似，这时你也许才真正明白了《论语》的深意。

这本书属导读性质的,是传统文化爱好者的入门书,适合广大党员干部尤其适合广大教育工作者及学生群体阅读。目前,市场上关于《论语》的书是不少。但要么学术性太强,一般的读者望而却步,要么鸡汤化严重,严重歪曲了经典的原义。但愿本书的出版与发行能助广大读者轻松步入传统文化之门。

　　陕西师范大学文学院教授、博士生导师周淑萍给予此书高度评价。她说:"目前《论语》导读类的书籍繁多,形式不一。该书以独特的视角观照《论语》,结合前人注解,参考《史记》等典籍,对《论语》作出了准确且有深度的解读,语言生动,讲析简明,有助于《论语》的传播与普及。"

　　《易经》有云:"我有好爵,吾与尔靡之。"就让我们从孔子最得意的弟子们读起吧!

目录

一、弟子篇 / 1

颜回篇 / 1

子贡篇 / 8

子路篇 / 18

冉氏三贤篇 / 31

闵子骞篇 / 37

宰予篇 / 38

子游篇 / 40

子夏篇 / 41

曾子篇 / 44

有子篇 / 47

子张篇 / 49

孔子篇 / 53

二、君臣篇 / 57

鲁昭公篇 / 57

鲁定公篇 / 62

鲁哀公篇 / 70

季平子篇 / 74

季桓子篇 / 75

季康子篇 / 77

阳货篇 / 78

公山弗扰、佛肸篇 / 80

三、随笔篇 / 83

两个父亲 / 83

一对连襟 / 85

父子两个 / 88

两种风格 / 89

两个老头儿 / 92

评孔子的一堂课 / 95

坏人一个 / 99

唯一的儿子 / 101

可怜的孺悲 / 102

孔子与《易》 / 103

"好学"的人实在少 / 105

这种学生你见过吗？ / 105

说说"慎终追远" / 106

他的学生了不得 / 107

理科学霸应该是这样的 / 107

《论语》中的"灶神" / 108

孔子为什么"批评"颜回？ / 109

鲁迅、孔子有何相似之处 / 110

千万不要小看人 / 111

好学生的标准 / 112

子路是大侠 / 112

被误解的"愚民"思想 / 113

《论语》用词之妙 / 113

颜回之愚 / 114

为什么很多人支持把9月28日设为

教师节？ / 115

孔子看风水不看八字 / 116

儒家也精进 / 117

《论语》中的"如是我闻" / 118

最有文化的守城人 / 118

这事儿李白很感慨 / 119

《论语》中的扫地僧 / 120

睡觉的正确姿势 / 120

子路反对应试教育 / 121

什么才是真正的快乐 / 122

得了传染病，孔子的学生也主动

隔离 / 123

他笑了 / 124

找个词语夸夸你 / 124

想起你的样子 / 124

乐师出走 / 125

孔子说，你必须要读书！ / 125

研学莫若学孔子 / 126

里仁为美 / 126

孔子也慎重的三件事 / 127

突然想起两个人 / 128

这个娃娃了不得 / 129

孔子说因果 / 131

也许我们看到的是指月之手 / 132

耳顺的境界 / 132

闲谈莫论人非 / 133

管仲的境界 / 133

和孔子学课堂导入 / 134

这堂课点评缺失吗？/ 135

这个时候要听话 / 136

子不语 / 136

劳动最光荣 / 137

仁爱之心不可缺 / 138

做人不能太霍顿 / 139

四、问答篇 / 140

答大学生之问 / 140

答中学生之问 / 143

答小学生之问 / 144

五、教学篇 / 146

部编版七年级语文上册《论语》十二章浅易解读 / 146

部编版高中语文选择性必修上册《论语》十二章讲义 / 152

六、讲座篇 / 162

《论语》中的求学之道 / 162

《论语》中的教学之道 / 173

《论语》可以当小说来读 / 175

读《论语》，可与佛经互参 / 176

后记 / 182

一、弟子篇

> 孔子曰："受业身通者七十有七人，皆异能之士也。"七十七者名谁？各有何异能？不一一详述，仅列十余位，略作评说。

❖ 颜 回 篇 ❖

颜回境界高

孔门弟子中，境界最高的就是颜回了。到底有多高？孔子说，三千弟子中只有颜回一人达到了"仁"的境界。

子曰："回也，其心三月不违仁，其余则日月至焉而已矣。"（《雍也》）

译文

孔子说："颜回这个人，他的心长久地不离开仁德，其余的学生只是短时期偶然想起一下罢了。"

"仁"是一种怎样的境界？"仁"是儒家追求的最高境界，类似于佛家讲的明心见性、大彻大悟的境界。一旦到了这个境界，你就会洞悉宇宙万物真相，就会明白这个世界根本就无我无他，万物本是一体的，就能理解

《金刚经》所言"一切有为法，如梦幻泡影，如露亦如电，应作如是观"的深义了。

开悟的样子

子曰："贤哉，回也！一箪食，一瓢饮，在陋巷，人不堪其忧，回也不改其乐。贤哉，回也！"（《雍也》）

译文

孔子说："颜回多么有才德啊！一竹筐饭，一瓢子水，住在狭窄的巷子里，别人受不了这种愁苦，可颜回却不改变他的快乐。颜回多么有才德啊！"

颜回很穷，但很快乐，因为他开悟了。

《金刚经》有云："凡所有相，皆是虚妄。"颜回证得了。

颜回的快乐，我们凡人无法体会。"如人饮水，冷暖自知。"只有我们像颜回那样入了境界，真正开悟了，才能体会到颜回之乐。

颜回的乐是法乐，不是以外面的境界为条件的。心随境转，不是真乐。"非乐贫也，乃乐道也。"贫穷也好，富贵也好，他都能够得到快乐。

一切圣贤似乎都不注重物质条件。庄子住在破巷子里，饿得面黄肌瘦，向监河侯借米也遭婉拒；斯宾诺莎一生贫困，只好以磨镜片来度日……

易学水平高

颜回是孔子最得意的弟子。

颜回自己也讲学授徒，传授儒学六经。

除讲学之外，还帮助孔子整理古代典籍，特别是对《易》的整理。

从历史资料上看，颜回对《易》不但有深入的研究，而且能灵活占断。

一、弟子篇

孔子使子贡，久而不来，命弟子占，遇鼎，皆言无足不来。颜回掩口而笑，子曰："回也哂，谓赐来乎？"对曰："无足者，乘舟而至也。"果然。（《诚斋杂记》）

```
鼎：元吉，亨．
上九：鼎玉铉，大吉，无不利．
六五：鼎黄耳金铉，利贞．
九四：鼎折足，覆公餗，其形渥，凶．
九三：鼎耳革，其行塞，雉膏不食，方雨亏悔，终吉．
九二：鼎有实，我仇有疾，不我能即，吉．
初六：鼎颠趾，利出否，得妾以其子，无咎．
```

这段话的意思是说，孔子让子贡外出办事，可是外出了很久没有回来，子贡在外面发生了什么事情啊？孔子的弟子们就子贡在外有没有凶险这个事由，占了一卦，结果占到了鼎卦的第四爻。很多人都说："这下完了，子贡肯定在外遇到了危险，回不来了。"有的想得更远，说："子贡可能没命了。为什么？鼎卦里说了，'鼎折足，凶！'没有了脚，怎么可能会回来呢，已经没命了。"大家都很难过，只有颜回一个人在偷偷发笑。孔子就问颜回："回啊，你发笑，难道子贡能回来吗？"颜回大声说，"当然了，当然了，《易经》里说没有脚，意思是子贡兄不用两脚，是要乘船回来的！"大家都对颜回的话半信半疑。不久，子贡果然坐着船回来了。

"颜回弱冠，而与仲尼言《易》。"颜回是孔子《易》学的传承人之一。《周易》由《易经》和《易传》两部分组成，《易传》就是孔子与弟子们的《易经》研习报告。

根性不一般

颜回的境界为什么这么高？学问为什么这么好？在我看来，有以下几个原因。

一是好学。

哀公问："弟子孰为好学？"孔子对曰："有颜回者好学，不迁怒，不贰过。不幸短命死矣，今也则亡，未闻好学者也。"（《雍也》）

> 译文

鲁哀公问道："你的学生哪个好学？"孔子回答说："有一个叫颜回的好学，不把自己的怒气（或者对某人的怒气）发泄到另外一个人身上，不重犯早先犯过的错误。他不幸短命死了，现在就没有好学的了，再没听说过好学的人了。"

季康子问："弟子孰为好学？"孔子对曰："有颜回者好学，不幸短命死矣，今也则亡。"（《先进》）

> 译文

季康子问道："你的学生哪个好学？"孔子回答说："有一个叫颜回的好学，他不幸短命死了，现在就没有好学的了。"

《论语》中，能称得上"好学"的只有两人，一位是孔子，另一位就是颜回。

"好学"不简单，它不是一般意义上的对具体学业的钻研，而是对"道"的追求与执着，是一个人成贤成圣的必由之路。

"好学"是什么？不迁怒，不贰过。

不把怒气转移到别人身上，不让同样的过失再次出现。这是浅显的解释。

"不迁不贰，始觉之功，此方是真正好学"，这才是最圆满的解释。"不迁怒，不贰过"是颜回开悟（始觉）后的一种修身功夫，目标是回归自性，成圣成佛。

神秀云："身是菩提树，心如明镜台，时时勤拂拭，勿使惹尘埃。""不迁怒，不贰过"正是颜回"时时勤拂拭"的最好注解。

二是有诚敬心。颜回对老师的崇拜简直是五体投地。刚和老师学习时

一、弟子篇

少正卯和孔子争弟子,"孔子之门,三盈三虚,唯颜渊不去"。学有所成时,说老师的学问"仰之弥高,钻之弥坚,瞻之在前,忽焉在后"。

这是极高的评价。在颜回看来,老师就像武侠世界中的高手,手中无剑,心中亦无剑,飞花摘叶,皆可杀人……

印光大师说:"一分诚敬得一分利益。十分诚敬得十分利益。"诚敬心如此,颜回能取得这样的成就也就不难理解了。

三是谦虚。"学问深时意气平。"一个人越是有学问就越谦虚,就越显得心平气和,时时刻刻都乐意接受别人的教诲。

"回虽不敏,请事斯语矣。"每当聆听完孔子教诲,颜回总是这么说。

"谦受益,满招损",这句话人人都会说,但像颜回这样谦虚的则少之又少。

《易经》中有一卦,叫"谦卦",把谦虚的表现和意义讲透了。

谦卦,坤上艮下,坤为地,艮为山。从卦象上看,上卦是大地,下卦是高山,巍峨的高山甘愿伏藏于大地之下。也可以说,在万仞高山的绝顶之处,不是云涛汹涌,反而是一片平原,平淡无奇。这不就是"谦虚"的样子吗?——拥有过人的才华、高尚的品德却低调朴实。

从卦理上看,谦卦更是讲透了谦虚的意义。《象传》说:"天道亏盈而益谦,地道变盈而流谦,鬼神害盈而福谦,人道恶盈而好谦。"意思是说,天的法则是减损满盈者而增益谦虚者,地的法则是改变满盈者而流注谦虚者，鬼神的法则是加害满盈者而福佑谦虚者，人的法则是厌恶满盈者而喜爱谦虚者。

"谦卦六爻皆吉，恕字终身可行。"谦虚，求学之道，也是做人之道。《了凡四训》也阐释过谦卦的义理，并说"每见寒士将达，必有一段谦光可掬"。

四是悟性高。

颜回是利根之人，悟性极高。

子曰："回也非助我者也，于吾言无所不说。"（《先进》）

译文

孔子说："颜回不是对我有所帮助的人，他对我的话没有不心悦诚服的。"

这是对颜回极高的评价。

好一个"悦"字，让人不由想起佛学中的"拈花一笑"。

有一次大梵天王在灵鹫山上请佛祖释迦牟尼说法。大梵天王率众人把一朵金婆罗花献给佛祖，隆重行礼之后大家退坐一旁。佛祖拈起一朵金婆罗花，意态安详，却一句话也不说。大家都不明白他的意思，面面相觑，唯有摩诃迦叶破颜轻轻一笑。于是佛祖把"正法眼藏，涅槃妙心"全部传授给迦叶了。

摩诃迦叶的"笑"，颜回的"悦"，是师生间的彼此默契、心领神会、心意相通、心心相印。

颜回的悟性极好。悟性好的人，极易开悟。如六祖慧能，自幼丧父，家境贫穷，不认识字，但悟性极好。靠砍柴为生，与母亲相依为命。有一次卖柴时，听到有人诵念《金刚经》，心便开悟。后来，五祖给他讲授《金刚经》，慧能是"言下便悟"（一听就悟了），还说出他悟到的心得，五祖便把衣钵秘密传给了慧能。

子曰："吾与回言终日，不违，如愚。退而省其私，亦足以发，回也

不愚。"(《为政》)

译文

孔子说:"我整天给颜回讲学,他从不提反对意见,像个蠢人。等他退回去自己研究,却也能发挥,可见颜回并不愚蠢。"

我们刚读这句话时,也许会认为这是孔子对颜回的批评。实则不然,这恰是对颜回的高度赞扬。

不违者,诚敬心也。如愚,乃大境界。道家有云:大智若愚。

颜回的愚是一种大智慧,当然这种智慧有别于世智辩聪,是一种般若智慧,是能够悟道、修证、了脱生死、超凡入圣的大智慧。

师生情谊

可以这样说,三千弟子中,孔子最赏识颜回,颜回对孔子的崇拜与追随也超出一般师生情谊。孔子曾说,"回也视予犹父也",但不幸的是,颜回英年早逝。

颜渊死。子曰:"噫!天丧予!天丧予!"(《先进》)

译文

颜渊死了。孔子说:"唉!老天要了我的命!老天要了我的命!"

颜回的死,对孔子打击无疑是巨大的,自己看中的心法继承人竟先己而去。

孔子的哭,不单因为颜回,"只是借此以显道脉失传"。心法无法传承,后世众生不知还要遭多少苦痛,孔子也是为天下众生而哭的。

这是圣人的慈悲!

同学一场

颜回是学霸。

颜回尊敬老师,团结同学,充满正能量。颜回的死,老师伤心,同学难过。

颜渊死，门人欲厚葬之。子曰："不可。"门人厚葬之。子曰："回也视予犹父也，予不得视犹子也。非我也，夫二三子也。"（《先进》）

> 译文

颜渊死了，孔子的学生们想要厚葬他。孔子道："不可以。"学生们还是厚葬了他。孔子道："颜回啊，你看待我好像看待父亲，我却不能够像对待儿子一般地看待你。这不是我的主意呀，是学生们背着我干的呀。"

颜回去世后，同学们违背老师的意愿，厚葬了自己的老同学。这份同学情谊，令人动容。

弟子们集体违背老师的意愿，这是《论语》中唯一的一次。

子贡篇

子贡口才好

孔门弟子中，要说口才好的，当然是宰予和子贡了。若单就文采来讲，子贡更胜一筹。

子贡曰："君子之过也，如日月之食焉：过也，人皆见之；更也，人皆仰之。"（《子张》）

> 译文

子贡说："君子犯错，就好比日蚀月蚀：犯错的时候，人们都看见了；改正的时候，人们都仰望着他。"

一个比喻句，道出了君子勇于改过的高贵品性。

子贡曰："有美玉于斯，韫椟而藏诸？求善贾而沽诸？"子曰："沽之哉！沽之哉！我待贾者也。"（《子罕》）

> 译文

子贡道："有一块美玉，是把它放在柜子里藏起来呢？还是找一个识货的商人卖掉呢？"孔子道："卖掉吧！卖掉吧！我正在等待识货的人呢。"

一个比方，两种选择。子贡巧妙地探出了老师的心思：积极入世。

子贡问政。子曰："足食，足兵，民信之矣。"子贡曰："必不得已而去，于斯三者何先？"曰："去兵。"子贡曰："必不得已而去，于斯二者何先？"曰："去食。自古皆有死，民无信不立。"（《颜渊》）

译文

子贡请教施政方面的问题。孔子道："使粮食充足，使武器装备充足，百姓就会信任政府了。"子贡道："如果迫于不得已一定要去掉一项，那么对于这三项先去掉什么呢？"孔子道："先去掉充足的武器装备。"子贡道："如果迫于不得已一定还要去掉一项，那么对于剩下的两项先去掉什么呢？"孔子道："先去掉充足的粮食。自古以来人都是要死的（没有粮食也不过是死亡而已），但如果人民不信任政府，那政府就不可能站得住脚了。"

子贡善问，而孔子更会答，一问一答之间，就道出了"万古不易之良政也"。

回顾历史，那些成功的领袖，无一不是靠人民的信任和支持才做出伟大业绩的。

顶尖外交家

子贡问曰："赐也何如？"子曰："女，器也。"曰："何器也？"曰："瑚琏也。"（《公冶长》）

译文

子贡问道："老师你说我是一个什么样的人？"孔子道："你是一个好器皿。"子贡道："什么器皿？"孔子道："宗庙里盛黍稷的瑚琏。"

子贡是顶尖外交家，曾在春秋战国外交舞台上折冲樽俎、纵横捭阖，留下过浓墨重彩的华章。

齐国大夫田常企图攻打鲁国。身为鲁国人，孔子自然不能无动于衷，决定派学生前往拯救鲁国，而子贡自然是担当此任的不二之选。

这一过程《史记》中有详细记载。

田常想要在齐国叛乱，又忌惮国内几家贵族的势力，田常谋划调动这几家贵族的军队去攻打鲁国。孔子听说这件事，对门下弟子们说："鲁国，是祖宗坟墓所在的地方，是我们出生的国家，我们的祖国遇到这样严重的危机，诸位为什么不挺身而出呢？"

子路请求前去救鲁，孔子制止了他。子张、子石请求前去救鲁，孔子也不答应。子贡请求前去救鲁，孔子答应了子贡的请求。

子贡出发，来到齐国，游说田常说："大人调兵攻打鲁国是错误的决定。鲁国，是个极难攻打的国家，鲁国都城的城墙单薄矮小，鲁国都城的护城河狭窄而水浅，鲁君也愚昧不仁，鲁国朝堂上的大臣们也都是些虚伪不中用的人，鲁国的士兵百姓又厌恶打仗，这样的国家不可以与其交战，大人不如出兵攻打吴国。吴国城墙高大而厚实，护城河宽阔而水深，铠甲坚固而崭新，士卒经过挑选而精神饱满，可贵的人才、精锐的部队都在那里，又有英明的大臣守卫着吴国，这样的国家是容易攻打的。"

田常听完顿时大怒，脸色一变说："你认为难的，别人认为容易；你认为容易的，别人认为是难的。用这些话来指教我，你是什么用心？"

子贡说："我听说，如果忧患在国内的，就要调兵去攻打强大的国家；忧患在国外的，要去攻打弱小的国家。如今，大人你的处境，忧患是在国内。我听说大人多次被齐君授予封号，然而多次未能成形，这都是因为，齐国朝中有权贵在反对你的呀。现在，你要攻占鲁国来扩充齐国的疆域，若是胜了，齐君就会更骄纵了，齐国占领了鲁国土地，对你不利的那些权贵大臣就会更尊贵了，而大人你的功劳都不在其中，这样，大人你和国君的关系会一天天地疏远的。到了这个地步，大人对上使国君产生骄纵的心理，对下使对自己不利的大臣们放纵无羁，想要因此成就大业，那可就太困难啦。国君骄纵就会无所顾忌，大臣骄纵就会争权夺利。这样，对上你与国君就会产生间隙，对下你会与大臣们相互争夺。到了这一步，那大人在齐国的处境就危险了，所以说我劝大人不如调兵攻打吴国。假如攻打吴国不能取得胜利，那些权贵的士卒在国外，对你不利的大臣们率兵在外作战，朝廷势力空虚，这样的话，在上没有强臣对抗，在下没有百姓的非难，孤立国君专制齐国的只有大人了。"

田常说："很好。虽然如此，可是我的军队已经开赴鲁国了，现在从鲁国撤军转而进兵吴国。大臣们怀疑我，怎么办？"

子贡说："大人可以按兵不动，不要进攻，请让我为大人出使去见吴王，我会建议吴王出兵援助鲁国而攻打齐国，到时候大人就趁机出兵迎击吴军。"田常采纳了子贡的意见，就指派子贡南下去见吴王。

子贡来到吴国，游说吴王说："我听说，施行王道的贤君，不能让自己的属国灭绝，施行霸道的国君，不会让与自己匹敌的强敌出现，在千钧重的物体上，再加上一铢一两的分量也可能产生移位。如今，拥有万辆战车的齐国在攻占有千辆战车的鲁国后，一定会与吴国争锋，我替大王感到危险。况且去援救鲁国，是显扬名声的事情；攻打齐国，是能获大利的事情。安抚泗水以北的各国诸侯，讨伐强暴的齐国，用来镇服强大的晋国，没有比这样做获利更大的了。名声上大王保存了危亡的鲁国，实际上大王阻遏了强齐的扩张，这道理，聪明人是不会怀疑的。"

吴王说："你说得很对。虽然如你所说，可是我曾经与越国作战，越王退守在会稽山上栖身，越王自我鞭策，优待士兵，有报复我的决心。你的计划，要等我攻灭越国后再实施吧。"

子贡说："越国的国力超不过鲁国，吴国的强大超不过齐国，大王把齐国搁置在一边，去攻打越国，那么，齐国早已平定鲁国了，况且大王正借着'使灭亡之国复存，使断绝之嗣得续'的名义，大王却选择先攻打弱小的越国而惧怕强大的齐国，这不是勇敢的表现。勇敢的人不回避艰难，仁慈的人不让别人陷入困境。聪明的人不失掉时机，施行王道的人不会让一个国家灭绝。现在，保存越国向各国诸侯显示大王的仁德，援助鲁国攻打齐国，向晋国示威，各国诸侯一定会竞相来吴国朝见，大王称霸天下的大业就会成功了。大王如果忌惮越国的话，我请求东去会见越王，我会建议越王出兵追随大王，这实际上是让越国空虚，名义上追随诸侯讨伐齐国。"吴王特别高兴，于是指派子贡到越国去游说越王。

得知子贡前来，越王下令清扫国都道路，亲自到郊外迎接子贡，然后又亲自驾车到子贡下榻的馆舍致问说："我的国家是个偏远落后的国家，大夫怎么屈尊光临到这里来了！"

子贡回答说："现在我已劝说吴王援救鲁国攻打齐国，可是吴王心里是想要伐齐的，却忌惮越国，吴王说：'等我攻下越国才能伐齐'。如果真如吴王所说，那么越国必然是要被灭的。况且要是没有报复人的心志而使人怀疑他，太拙劣了；要是有报复人的心志又让人知道，就不安全了；事情还没有发动先叫人知道，就太危险了。这三种情况是办事的最大祸患。"

勾践听罢叩头再拜说："我曾不自量力，与吴国交战，被围困在会稽，恨入骨髓，日夜唇焦舌燥，只打算能与吴王决一死战，这就是我的愿望。"于是问子贡怎么办。

子贡说："吴王为人凶狠残暴，大臣们难以忍受；吴王频繁发动战争，弄得国家百姓疲惫衰败，士兵不能忍耐；百姓怨恨国君，大臣内部发生变乱；伍子胥因谏诤被杀，太宰嚭执政当权：这是残害国家的政治表现。现在大王能出兵辅佐吴王，以投合他的心意，再用重金宝物来获取吴王的欢心，用谦卑的言辞奉承他，以表示对他的礼敬，那么吴王一定会下定决心伐齐的。如果吴王伐齐不能取胜，就是大王的机会了。如果吴王伐齐胜了，那么吴王下一步一定会带兵逼近晋国，我现在就动身北上去会见晋国国君，我会游说晋君联合齐国进攻吴国，这样的话就一定能削弱吴国的势力。等吴国的精锐部队全部消耗在齐国后，吴国的重兵又被晋国牵制，而大王趁吴国疲惫不堪的时候偷袭吴国，这样的话就一定能攻灭吴国。"越王听完后非常高兴，答应子贡，照子贡的计划行动。越王还送给子贡黄金百镒，宝剑一把，良矛二支。子贡没有接受，然后离开越国。

子贡回报吴王说："我把大王的话全部传达给了越王，越王听后非常惶恐，说：'我很不走运，从小就失去了父亲，又不自量力，得罪了吴国而获罪，被吴国打败，自身遭受屈辱，栖居在会稽山上，国家也成了荒凉的废墟，仰赖大王的恩赐，使我能够捧着祭品而祭祀祖宗，我至死也不敢忘怀，怎么敢另有其他的打算！'"

过了五天，越国派大夫文种对吴王说："东海役使之臣勾践谨派使者文种，来与大王的属下近臣修好，托他们向大王问候。如今我听说大王将要发动正义之师，讨伐强暴，扶持弱小，困厄残暴的齐国，以此来安抚周王室，我请求出动越国境内全部军队三千人，勾践请求亲自披坚执锐，甘愿冲锋在前。因此派越国卑贱的臣子文种进献祖先珍藏的宝器，铠甲十二件，斧头、屈卢矛、步光剑，用来作为贵国军吏的贺礼。"

吴王听了非常高兴，把文种的话告诉子贡说："越王想亲自跟随我伐齐，可以吗？"

子贡回答说："不可以。大王已经使人家国内空虚，现在还要调动人家所有的人马，还要人家的国君跟着出征，这样做是不道义的。大王可接受他的礼物，允许他派出军队，辞却他的国君随行。"

吴王同意了，就辞谢越王。于是吴王调动了九个郡的兵力前去攻打齐国。子贡离开吴国后前往晋国，对晋国国君说："我听说，不事先谋划好计策，就不能应付突然发生的变化，不事先治理好军队，就不能战胜敌人。现在齐国和吴国即将开战，如果这场战争吴国不能取得胜利，越国必定会趁机扰乱吴国；如果与齐国一战，吴国取得了胜利，吴王一定会率军逼近晋国。"

晋君非常恐慌，对子贡说："那该怎么办呢？"子贡说："君上可以整军备战，休养士卒，等待吴军的到来。"晋君依照子贡的谋划。

子贡离开晋国前往鲁国。吴王果然率军与齐国在艾陵打了一仗，大败齐军，俘虏了齐国七个将军及其率领的士兵，然而吴王取胜后没有班师回国，继续带兵逼近晋国，与晋国在黄池对峙。

吴晋两国争雄，晋军率先攻击吴军，结果晋国大败吴军。越王听到吴军惨败的消息后，率军渡过长江偷袭吴国都城，一直打到离吴国都城七里的地方后安营扎寨。吴王听到这个消息后，率军离开晋国返回吴国，与越国在五湖一带作战。多次被越军击败，最后连都城都失守了，越军攻入吴都包围了王宫，勾践最终杀害了吴王夫差和他的国相。越国攻灭吴国三年后开始称霸。

所以，子贡这一次行动，保全了鲁国，扰乱了齐国，灭掉了吴国，使晋国强大，而使越国称霸。子贡一次出使，使各国形势发生了相应变化，十年当中，齐、鲁、吴、晋、越五国的形势各自有了变化。

春秋之际，风起云涌。诸侯称霸，战乱不已。各国相争，又相生相克。若要在这样一个弱肉强食的国际环境中利用外交关系实现自己的目的，必须要摸准各国的要害和主政者的心思。子贡通过对地缘政治敏感而准确的把握，加上其高超的语言艺术，出色地完成了老师交代的任务。

子贡凭借三寸不烂之舌保全了鲁国，可见其杰出的外交才能，难怪孔子对子贡的评价是"瑚琏之器"。

瑚琏之器比喻人特别有才能，可以担当大任。

端木遗风

子曰："回也其庶乎，屡空。赐不受命，而货殖焉，亿则屡中。"（《先进》）

译文

孔子说："颜回的学问修养应该是差不多了，可是他常常很贫困。端木赐不安本分，去囤积投机，猜测行情，竟每每猜对了。"

子贡复姓端木，名赐，字子贡。年轻时一直从事商贾活动，师从孔子后也没有停止过。他头脑精明，善于货殖，连孔子都相当佩服，说子贡竟然能猜准市场行情。正因为如此，子贡是孔子学生中最富有的。据《史记》载，子贡"家累千金"。

鲁哀公十一年时，吴国要发兵远袭齐国，子贡从这条消息中发掘出了商机。他经过分析认为，吴国远征齐国，旷日持久，肯定会在全国强征丝绵，以备军队御寒之用。这样一来，吴国国内就会紧缺丝绵，如果囤积丝绵，到时候卖给吴国百姓，肯定能卖个好价钱。于是他安排了很多人，分头到各地去采购丝绵，然后快车运往吴国。此时，吴国的百姓正衣着单薄，备受寒冷之苦。子贡采购的丝绵一到，就被他们抢购一空，子贡也因此大大发了一笔财。

子贡经商之所以成功，除有经商头脑之外，还在于他始终谨记老师的教诲：诚信经营，富而好礼。子贡是中国历史上第一位儒商，被誉为儒商之祖。又因为子贡能诚信经商，这种作风影响了后世，因此后人把这种作风称为"端木遗风"。

人无完人

金无足赤，人无完人，子贡也有不少缺点。

子贡方人。子曰："赐也贤乎哉？夫我则不暇。"（《宪问》）

译文

子贡讥评别人。孔子对他道："你就够好了吗？我却没有这闲工夫（去讥评别人）。"

背地里议论别人，儒家反对这种行为，佛家更反对这种行为，认为这会造口业的，是要背因果的。

子贡问于孔子曰："赐倦于学，困于道矣，愿息而事君，可乎？"（《孔子家语》）

> [译文]
>
> 子贡向孔子问道："我对学习已经厌倦了，对于道又感到困惑不解，想去侍奉君主以得到休息，可以吗？"

子贡对学业有厌倦心态，曾公开提出休学要求，孔子不得不给做思想工作才打消了他的念头。

庐冢六年

子贡是孔子身边最亲近的人之一。

一个晚上，孔子梦见自己坐于厅堂的两柱中间受人祭拜。忽然醒来，他感觉自己即将到达生命的终点，他看着子贡，心生感慨，一首悲凉的歌曲从心间流出："泰山其颓乎！梁柱其坏乎！哲人其萎乎！"

一颗巨星陨落了，人类历史上的文化匠人孔子与世长辞。

据《史记》载，孔子去世后，"弟子皆服三年。三年心丧毕，相诀而去，则哭，各复尽哀，或复留。唯子贡庐于冢上，凡六年，然后去。"

宣扬老师

子贡对老师的认识有一个过程。相传他"事孔子一年，自谓过孔子；二年，自谓与孔子同；三年，自知不及孔子"。

后来，他对老师的崇拜更是无以复加。子贡晚年，往来于诸侯之间，与各国君主分庭抗礼，使孔子名声布扬天下，为宣传孔子立下了大功。

叔孙武叔语大夫于朝曰："子贡贤于仲尼。"子服景伯以告子贡。子贡曰："譬之宫墙，赐之墙也及肩，窥见室家之好。夫子之墙数仞，不得其门而入，不见宗庙之美，百官之富。得其门者或寡矣。夫子之云，不亦宜

乎！"(《子张》)

> 译文

叔孙武叔在朝廷中对官员们说："子贡比他老师仲尼要强一些。"子服景伯便把这话告诉子贡。子贡道："让我拿房屋的围墙作比喻吧！我家的围墙只有肩膀那么高，谁都可以望到房屋的美好。我老师的围墙却有几丈高，找不到大门走进去，就看不到他那宗庙的雄伟，房舍的多种多样。能够找着大门的人或许不多吧！叔孙武叔他老人家那样说也就很自然了！"

子贡辩才无碍，又"家累千金"，很多人认为孔子都不如他。子贡用鲜明而生动的比喻，道出自己与老师的差别。孔子思想平凡而伟大，入其门弟子无不服膺，都努力将老师的思想发扬光大，而那些连门都找不到的人，说出那种不察之言也就不意外了。

子贡的境界

子谓子贡曰："女与回也孰愈？"对曰："赐也何敢望回？回也闻一以知十，赐也闻一以知二。"子曰："弗如也；吾与女弗如也。"(《公冶长》)

> 译文

孔子对子贡道："你和颜回，哪一个强些？"子贡答道："我怎敢和回相比？他听到一件事，可以推演知道十件事；我听到一件事，只能推知两件事。"孔子道："赶不上他；我同意你的话，是赶不上他。"

和颜回相比，子贡境界如何？

子贡亲口承认不如颜回。

朱子《四书集注》里说："闻一知十，上知之资，生知之亚也。闻一知二，中人以上之资，学而知之之才也。"由此观之，子贡境界远不如颜回。

子 路 篇

百里负米

"负米供甘旨,宁辞百里遥;身荣亲已没,犹念旧劬劳。"说的是子路负米的事。

子路生性耿直,为人粗莽,然事双亲至孝。

子路早年家中贫穷,自己常常拿野菜做饭吃,却从百里之外背米回家侍奉双亲。父母死后,他做了大官,奉命到楚国去,随从的车马有百辆,所带的粮食有万斤。坐在豪华的垫褥上,吃着丰盛的筵席,但他却常常因为怀念父母而感到伤感,他感慨地说:"即使我想吃野菜,想为父母去背米,哪里还有这个机会呢?"孔子赞扬他说:"你侍奉父母,可以说是生时尽力,死后思念哪!"

老师的护卫

子路性鄙,好勇力,志伉直,冠雄鸡,佩猳豚,陵暴孔子。孔子设礼稍诱子路,子路后儒服委质,因门人请为弟子。(《史记》)

《史记》记载,子路生性质朴,喜好勇猛武力,头戴雄鸡式的帽子,腰佩公猪皮装饰的宝剑,曾经欺凌过孔子。孔子反施礼教,逐渐诱导子路,子路后来改穿儒服,送上拜师的礼物,通过孔子的门人请求做孔子的弟子。

读到这里,我们常常不解,野人般的子路何以改穿儒服,并追随孔子一辈子呢?答案是孔子有着不可抗拒的人格魅力。

我注意到了一个词:"诱"!

子路"性鄙"乃习气所致，然向善之心人人本具，只是一时迷了，稍加"诱"导，本性就会现前。孔子正是看出了子路的慧根，便对他加以诱导，使之成为儒者。

子路认可了老师的学问后，便将自己的一生都托付给了孔子。先生周游列国，子路始终追随左右。无论是困于匡地，还是厄于陈蔡，子路总是凭其过人的武功，做了老师的忠实护卫。孔子也曾感慨道："自吾得由，恶言不闻于耳。"确实，只要子路在，就没有人敢对先生恶言相对了。

李逵式人物

子见南子，子路不说。夫子矢之曰："予所否者，天厌之！天厌之！"（《雍也》）

译文

孔子去见了南子，子路不高兴。孔子对他发誓说道："我假若不对的话，天厌弃我吧！天厌弃我吧！"

读子路，很容易想到《水浒传》中的一个人物——李逵。

这事发生在卫国。

南子是卫灵公的夫人，名声不好。但她久闻孔子大名，孔子的学识与才华让她心生敬畏。她让人传话孔子，想见他一面。孔子知道南子的为人，也明白她在卫国的地位。孔子想通过她间接影响卫灵公，从而能在卫国宣扬"仁"道，还是"应约"拜见了她。

子路不高兴了，他认为老师不应该拜见一个名声不好的风流女子。子路是孔子三千弟子唯一一个敢顶撞老师的学生。孔子被逼无奈，只得对天发誓。

这可以说是《论语》中最精彩的一段。张岱《四书遇》评论说："子见南子，妙在子路一怒，则圣贤循礼蹈义家风，神气倍振。如读《水浒传》，黑旋风斫倒杏黄旗，则梁山忠义，倍觉肃然。"

黑旋风何许人也？李逵是也。

有人冒充宋江之名强抢民女，李逵在途中听闻此事，误以为真是宋江所为，便怒从心起，赶回山寨找宋江算账。

《水浒传》第七十三回写道："李逵那里答应，睁圆怪眼，拔出大斧，先砍倒了杏黄旗，把'替天行道'四个字扯得粉碎，众人都吃一惊……

李逵道：我当初敬你是个不贪色欲的好汉，你原来是酒色之徒……"

相似的情节，相同的性格。我甚至怀疑，《水浒传》的作者就是受了子路形象的影响，才创作出李逵这一形象。

子路误会了孔子，而《史记》中的记载还了孔子一个清白。

夫人在絺帷中。孔子入门，北面稽首。夫人自帷中再拜，环佩玉声璆然。

孔子与南子见面从始至终符合礼节，孔子大方得体，南子依礼回敬。

李逵也误会了宋江，只得回寨负荆请罪。

却说宋江、柴进先归到忠义堂上，和众弟兄们正说李逵一事，只见黑旋风脱得赤条条地，背上负着一把荆杖，跪在堂前，低着头，口里不作一声。宋江笑道："你那黑厮怎地负荆？只这等饶了你不成？"李逵道："兄弟的不是了，哥哥拣大棍打几十罢！"宋江道："我和你赌砍头，你如何却来负荆？"李逵道："哥哥既是不肯饶我，把刀来割这颗头去，也是了当。"众人都替李逵赔话……（《水浒传》第七十三回）

子路不爱学习

子路曰："南山有竹，不柔自直，斩而用之，达于犀革。以此言之，何学之有？"孔子曰："栝而羽之，镞而砺之，其入之不亦深乎？"子路再拜曰："敬而受教。"（《孔子家语》）

译文

子路说："南山有竹子，不矫正自然就是直的，砍下来用作箭杆，可以射穿犀牛皮。以此说来，哪用学习呢？"孔子说："做好箭栝还要装上羽毛，做好箭头还要打磨锋利，这样射出的箭不是射得更深吗？"子路拜了两拜说："恭敬地接受您的教诲。"

可以看出，子路对学习的重要性认识不够到位，对学习向来不感兴趣。但毕竟孔子是圣人，他看出鲁莽的子路有慧根，是可塑之才，于是对其耐心说教，最终说服了子路。

儒家重视学习，提倡"为己之学"，反对"为人之学"，要求人通过学习，不断提高自己的道德修养，这样，在学问高深的同时，也知道如何做事与待人，如何正确对待天地万物。

对于学习的重要性的论述，先秦儒家最后一个代表荀子在其《劝学》中有详细而深刻的论述。"学不可以已"也就成了"学无止境"的最佳注解。

出色的军事家、政治家

子曰："由也，千乘之国，可使治其赋也。"（《公冶长》）

[译文]

孔子说："仲由这个人，拥有一千辆兵车的诸侯国，可以让他掌管军政。"

孔门弟子中，子路以长于政事而著名，带兵打仗、治国理政都不在话下。子路自己也说，有千余辆兵车的国家，屈服于大国强权之下，经受兵祸荒年之灾，如果让他治理，只需三年，就可让百姓勇猛且乐于行善。他还说，自己愿奋长戟，扫荡三军，即使虎狼在后，仇敌在前，也能冲锋陷阵，将国家解救于危难之中。

子路的才华很早就被季氏看中，孔子仕鲁时，他当上季氏的总管之职。后随孔子游学至卫国，卫国大夫任用他为蒲邑令，"蒲多壮士，又难治"，但子路遵循先生教诲，三年之后，蒲地大治。

孔子曾专程来蒲检查子路的治绩。车子刚入蒲境，孔子便称赞说：

"子路做得真不错，做到了恭谨敬慎而又有信用了。"车子缓缓驶入城中，城内人来人往，熙熙攘攘，房舍俨然，孔子又称赞说："子路做得真好，做到了忠信而宽厚了。"车子继续向前走，很快到了子路的官署。子贡停下车，牵着马，拉着缰绳，准备卸车。孔子下了车，踏上官署的台阶，又称赞说："子路做得真好啊，做到了明察而又有决断了。"旁边的子贡大感不解，于是问道："先生您还没有看到子路的政策与成效，然而却三次称赞他做得好。他做得好的地方，弟子能听您讲解一下吗？"孔子看到子贡疑惑不解的样子，这才说："我已经看到他是怎样执政的了。一进入蒲境，我就看到耕地都整理得很好，杂草都铲除了，田间的水道也加深了，百姓都在田间劳作，这就可以看出是子路恭谨敬慎又有信用，所以百姓竭尽其力劳作。走进城内，看到垣墙和屋宇都完好牢固，树木长得很茂盛，这是因为他忠信而宽厚，所以百姓才不苟且马虎啊。而走进他的官署，那里清静闲暇，我看到下面办事的人都很效力，且服从命令，这是因为他明察一切，而又非常果断，所以他的政令没有扰民啊。从这些方面来看，即使我连续三次称赞他做得好，又怎能将他的政绩说尽呢？"

由此，我们可以看出子路的政治才能，难怪孔子说："对于果敢坚毅的仲由来说，从政治国有什么难处呢？"

子路的艺术修养

子曰："由之瑟奚为于丘之门？"门人不敬子路。子曰："由也升堂矣，未入于室也。"（《先进》）

译文

孔子道："仲由弹瑟，为什么在我这里来弹呢？"因此孔子的学生们瞧不起子路。孔子道："由么，学问已经升堂了，只是还没有入室罢了。"

子路看似粗野，但长期受到老师熏陶，还是有一点艺术修养的。

但子路此次鼓瑟，孔子不满意！

为什么？

马融说："子路鼓瑟，不合雅颂。"雅颂之音是让人心平气和的，但子路性情刚鲁，鼓瑟时有一股杀伐之气，不符合儒家正人之德的音乐理念。

老师一表态，结果就导致部分学生看不起子路，这是个很严重的问题，于是孔子又说子路的水平其实也不错，只不过是不够精深罢了。

古人把人的学问水平分三个阶段：入门、升堂、入室。孔门弟子中，入室者仅颜回一人，升堂者也为数不多，绝大多数是刚入门，或者还在门外。所以，子路能升堂，实属不易。孔子这样说是在敲打其他学生：你们或许还没资格嘲笑子路哩。

后来，又发生了一件事，说明子路确实有一定的艺术修养。

孔子之宋，匡人简子以甲士围之。子路怒，奋戟将与战。孔子止之，曰："恶有修仁义而不免俗者乎？夫《诗》《书》之不讲，礼乐之不习，是丘之过也；若以述先王好古法而为咎者，则非丘之罪也。命夫！歌！予和汝。"子路弹琴而歌，孔子和之，曲三终，匡人解甲而罢。（《孔子家语》）

译文

孔子到宋国去，匡地人简子用兵围住了他们。子路大怒，举起戟要去和他们搏斗。孔子阻止他说："哪有遵循仁义而不原谅俗人过错的呢？没有让他们学习《诗经》《尚书》，没有让他们学习礼乐，这是我的过错啊；若把宣扬古代圣王爱好古法称为罪责，那就不是我的过错了。这大概就是命吧！你唱歌吧！我来和你。"于是子路弹琴而歌，孔子跟着唱，唱完三遍，匡人解除武装而离去。

匡地之围是孔子师徒的一次磨难，有个叫阳虎的人曾经侵害过匡地，当地人对他恨之入骨，可偏偏他又长得像孔子。孔子师徒来到这里，当地人误把孔子当阳虎，不由分说就把他们围了起来。

今天，子路唱的什么歌，弹的什么曲，都无从而知。但是，我们确信，子路的艺术修养确实不一般。

子路不得其死然

闵子侍侧，誾誾如也；子路，行行如也；冉有、子贡，侃侃如也。子乐。"若由也，不得其死然。"（《先进》）

译文

闵子骞站在孔子身旁，恭敬而正直的样子；子路很刚强的样子；冉有、子贡温和而快乐的样子。孔子高兴起来了。但又道："像仲由这样，只怕得不到好死。"

得天下英才而教育之，使他们各尽其性，各展其才，是人生一大幸事。看见弟子们侍立在自己周围，神态各异，孔子不觉高兴起来，但当他看到子路显示出刚强过人的特点，不由生出几分感慨，竟然说出"像仲由这样的人，恐怕得不到善终"的话，谁知竟会一语成谶。

子路确实没有"善终"，这还要从卫国政变说起。

卫灵公做国君的时候，非常宠爱年轻貌美的南子。谁知，南子风流成性，竟然还与其他男子保持不正当关系。有一次，太子蒯聩经过宋国，有宋国人就唱小曲来嘲讽他，内容相当不堪，当然是讽刺卫灵公和南子的。蒯聩羞愧万分，回国后决定杀掉南子。结果事情败露，刺杀南子失败。卫灵公大怒，蒯聩不得不逃亡，最后逃到了晋国。

太子逃亡后，卫灵公决定让公子郢当太子，但公子郢不同意。不久，卫灵公去世。南子想让公子郢承灵公之意继位，但公子郢也不接受，只是推荐蒯聩的儿子辄即位，是为卫出公。

儿子直接越过父亲当了国君，蒯聩心里一万个不愿意。曾在晋国赵鞅的护送下悄悄回国抢夺君位，但以失败告终。

他一直在等待机会，一直等了12年，机会终于来了。蒯聩在他姐姐的帮助下密谋回国夺位。

蒯聩的姐姐是孔悝的母亲，孔悝此时有实权，蒯聩继位的关键，就是争取孔悝的支持。但让他们没想到的是，孔悝并不支持他们的这一行动。

于是，他们只好劫持孔悝。此时，孔悝的家臣悄悄出门，先是通知卫出公（当时的卫君，蒯聩的儿子），之后又通知了子路。

卫出公一听此事，赶快逃出卫国，他知道父亲这次是有备而来的。

子路接到通知后，正在城外。他是孔悝的邑宰，他要保护自己的主人，便策马返回。返程途中，遇到了自己的同学子羔正要出逃。子羔说："国君已逃，城门紧闭，请赶快逃走吧，何苦受牵连呢？"子路哪里能听得进去，说："吃着人家的饭，在人家有难的时候就不应退避。我既食孔悝之禄，他既有难，我岂能逃避？"于是冒险潜入城内。此时，孔悝已被蒯聩劫持在孔宅内高台之上。子路请求蒯聩放了孔悝，但蒯聩不听。子路准备放火焚烧高台，蒯聩大惊，命令死党攻击子路。子路舞剑奋战，但终因年岁不饶人，被叛军刺断冠缨，身受重伤，子路仍忍痛大呼："大丈夫死不免冠，且待我结缨戴冠而死。"于是扔下利剑，双手取冠结缨。然而，叛军们并没有给子路机会，趁子路结缨的瞬间，一哄而上，一刀接着一刀，把子路砍成肉酱……

子路去世后，孔子哀恸不已。

孔子哭子路于中庭。有人吊者，而夫子拜之。既哭，进使者而问故。使者曰，醢之矣。遂命覆醢。（《礼记》）

[译文]

子路去世了，孔子在正室前的庭里哭。有人来安慰他，孔子就以丧主的身份回拜。孔子哭过之后，召见从卫国来报信的使者问子路死的情况。使者说："子路已经被砍成肉酱了。"孔子听了，就叫人把正要吃的肉酱倒了，不再吃了。

子路之死，对孔子来说无疑又是一重大打击，孔子万分悲痛。

有学者认为，从《礼记》记载来看，孔子显然有多处失礼。

按照哭礼，孔子应当在寝门外哭自己的学生，可他却在中庭哭子路。有人来吊唁，孔子又行拜礼答谢，可是只有丧主才有资格回拜，孔子显然不可以。

然而这才是真实的孔子，孔子是人，然后才是圣人。孔子是一个至情至性之人，弟子的惨死，他再也无法掩饰自己内心巨大的悲恸之情，即使违礼也在所不惜。

王元化先生曾说："他并不总是这样道貌岸然。相反，他也是个有血有肉的人。"是啊，老人家怎能不痛哭呢？自己重病时，子路偷偷地向天地祈祷，希望老师健康长寿，并偷偷成立治丧委员会……

子疾病，子路请祷。子曰："有诸？"子路对曰："有之；《诔》曰：'祷尔于上下神祇。'"子曰："丘之祷久矣。"（《述而》）

译文

孔子病重，子路请求祈祷。孔子道："真的有这回事吗？"子路答道："有的；《诔文》上说：'替你向天神地祇祈祷。'"孔子道："我早就祈祷过了。"

子疾病，子路使门人为臣。病间，曰："久矣哉，由之行诈也！无臣而为有臣。吾谁欺？欺天乎！且予与其死于臣之手也，无宁死于二三子之手乎！且予纵不得大葬，予死于道路乎？"（《子罕》）

译文

孔子病得厉害，子路便命孔子的学生组织治丧处。过了很久，孔子的病渐渐好了，就道："仲由干这种欺诈的勾当太长久了呀！我本不该有治丧的组织，却一定要让人组织治丧处。我欺哄谁呢？欺哄上天吗？我与其死在治丧的人的手里，宁肯死在你们学生们的手里，不还好些吗？即使不能热热闹闹地办理丧葬，我会死在路上吗？"

陈蔡绝粮，弦歌不断

在陈绝粮，从者病，莫能兴。子路愠见曰："君子亦有穷乎？"子曰："君子固穷，小人穷斯滥矣。"（《卫灵公》）

译文

孔子在陈国断绝了粮食，跟随的人都饿病了，爬不起床来。子路气冲冲地来见孔子说："君子也有困顿的时候吗？"孔子说："君子安守困顿，而小人困顿时就会肆意妄为。"

必须要说陈蔡绝粮。

《孔子家语》中记载，楚昭王聘请孔子到楚国去，孔子前去拜见楚昭王，途中经过陈国和蔡国。陈国、蔡国的大夫一起谋划说："孔子是位圣贤，他所讥讽批评的都切中诸侯的弊病，如果被楚国聘用，那我们陈国、蔡国就危险了。"于是派兵阻拦孔子。

孔子不能前行，断粮七天，也无法和外边取得联系，连粗劣的食物也吃不上，跟随他的人都病倒了。这时孔子更加慷慨激昂地讲授学问，用琴瑟伴奏不停地唱歌。就找来子路问道："《诗经》说：'不是野牛不是虎，却都来到荒野上。'我主张的治国之道难道有什么不对吗？为什么到了这个地步啊？"

子路一脸怨气，不高兴地回答说："君子是不会被什么东西困扰的。想来老师的仁德还不够吧，人们还不信任我们；想来老师的智慧还不够吧，人们不愿推行我们的主张。而且我从前就听老师讲过：'做善事的人上天会降福于他，做坏事的人上天会降祸于他。'如今老师您积累德行心怀仁义，推行您的主张已经很长时间了，怎么处境如此困穷呢？"

孔子说："由啊，你还不懂得啊！我来告诉你。你以为仁德的人就一定被人相信？那么伯夷、叔齐就不会被饿死在首阳山上；你以为有智慧的人一定会被任用？那么王子比干就不会被剖心；你以为忠心的人必定会有好报？那么关龙逄就不会被杀；你以为忠言劝谏一定会被采纳？那么伍子胥就不会被迫自杀。遇不遇到贤明的君主，是时运的事；贤还是不贤，是才能的事。君子学识渊博深谋远虑而时运不济的人多了，何止是我呢！况且芝兰生长在深林之中，不因为无人欣赏而不芳香；君子修养身心培养道德，不因为穷困而改变节操。如何做在于自身，是生是死在于命。因而晋国重耳的称霸之心，产生在困于曹卫的时候；越王勾践的称霸之心，产生在困于会稽的时候。所以说居于下位而无所忧虑的人，是思虑不远；安身处世总想安逸的人，是志向不大，怎能知道他的终始呢？"

　　子路出去了，孔子叫来子贡，又问了同样的问题。子贡说："老师您的道实在博大，因此天下容不下您，您何不把您的道降低一些呢？"孔子说："赐啊，好的农夫会种庄稼，不一定会收获；好的工匠能做精巧的东西，不一定能顺遂每个人的意愿；君子能培养他的道德学问，抓住关键创立政治主张，别人不一定能采纳。现在不修养自己的道德学问而要求别人能采纳，赐啊，这说明你的志向不远大，思想不深远啊。"

　　子贡出去以后，颜回进来了，孔子又问了他同样的问题。颜回说："老师的道太广大了，天下也容不下。虽然如此，您还是竭力推行。世人不用，那是当权者的耻辱，您何必为此忧虑呢？不被采纳才看出您是君子。"

　　孔子听了高兴地感叹说："你说得真对呀，颜家的儿子！假如你有很多钱，我就来给你当管家。"

　　可以看出，此时孔子与弟子们陷入了孤绝之境。部分同学思想动摇。孔子在弟子们饥肠辘辘又彷徨悲观的情况下，决定对他们进行思想教育。

　　第一个谈话的是子路。孔子明显不满意子路的回答。"反求诸己"是对的，但子路没抓住问题的本质：孔子理想与现实之间的矛盾。

　　子贡的回答精确而巧妙，他一针见血地指出孔子思想的困境。但提出的走出困境的建议——降低标准——则令孔子失望。

颜回的回答让老师倍感欣慰。颜回同样指出了孔子思想的困境，但他所提出的走出困境的方法与子贡不同。颜回认为，人应坚持自己的本心。这一路虽然充满艰险，但它永远值得追求。这正暗含了孔子"知其不可而为之"的大无畏精神。

陈蔡绝粮，节操不改

《孔子家语》中记载，孔子受困于陈、蔡之地，跟随的人七天吃不上饭。子贡拿着携带的物品，偷偷跑出包围，请求村民给他换些米，最终得到一石米。颜回、仲由在一间土屋下煮饭，有块熏黑的灰土掉到饭中，颜回把弄脏的饭取出来吃了。子贡在旁边看见了，很不高兴，以为颜回在偷吃。

他进屋问孔子："仁人廉士在困穷时也会改变节操吗？"孔子说："改变节操还称得上仁人廉士吗？"子贡问："像颜回这样的人，他不会改变节操吧？"孔子说："是的。"子贡把颜回吃饭的事告诉了孔子。孔子说："我相信颜回是仁德之人已经很久了，虽然你这样说，我还是不怀疑他，那样做或者一定有原因吧。你待在这里，我来问问他。"

孔子把颜回叫进来说："前几天我梦见了祖先，这难道是祖先在启发我们保佑我们吗？你做好饭赶快端上来，我要进献给祖先。"颜回说："刚才有灰尘掉入饭中，如果留在饭中则不干净；假如扔掉，又很可惜。我就把它吃了，这饭不能用来祭祖了。"孔子说："这样的话，我也会吃掉。"

颜回出去后，孔子看着弟子们说："我相信颜回，不是等到今天啊！"弟子们由此更加叹服颜回。

农山言志，境界方显

《孔子家语》中记载，孔子到鲁国北部游览，登上农山山顶，弟子子路、子贡、颜渊在旁边陪着。孔子四下远望，感慨地说："在这个地方静心深入思考，什么都可以想到。你们可以谈谈自己的志向，我将从中作出选择。"

子路走向前说："我愿意秉持像月亮一样洁白的帅旗，挥动像早晨的太阳一样鲜红的战旗，让撞击钟鼓的声音响彻云天，让旌旗迎风飘扬。我率领一队人马与敌人作战，一定能攻占敌人的土地千里，拔取敌军的军旗，割取敌人的左耳计数报功。这一点只有我仲由能做到，老师你就让这两个人跟着我吧。"孔子说："真是勇敢啊！"

子贡又走向前说："我希望让齐、楚两国在宽广辽阔的原野上交战，两军营垒遥遥相望，军队激起尘土飞扬，士兵们手持兵器英勇作战。我穿着白色的衣冠，在两国之间奔走劝告，陈说各种利害，以解除国家的外患。这只有我能做得到，老师你就让这两个人跟着我吧。"孔子说："真是有口才啊！"

颜回退在后面不作回答。孔子说："颜回，过来！为什么只有你不谈一下自己的志向呢？"颜回回答说："文武两方面的事，两人已经说过了，颜回我还说什么呢？"孔子说："即使这样，各人也要说说自己的志向，你就说吧。"颜回回答说："听说薰草和莸草不在同一个器物里面藏放，尧和桀不能共同治理一个国家，是因为他们不是同类。我希望能辅佐贤明的君主，布施父义、母慈、兄友、弟恭、子孝这五种教化。用礼乐教导民众，让百姓不用去修建城墙，无须越过护城河去打仗，将刀枪剑戟熔铸成农具，在原野湖畔放牧牛马，夫妇没有分别的思念苦痛，天下永远没有战争的灾难。这样仲由就没有地方施展他的勇敢，而端木赐也没有地方发挥他的口才了。"孔子非常严肃地说："真是美好的德行啊！"

子路举手行礼问道："老师您将怎样选择呢？"孔子说："不耗费钱财，不危害百姓，不用说太多的话，这样来治理国家，只有颜回能做得到。"

这是孔子的教学方式。先让学生们畅所欲言，然后自己深刻点评。颜回一番宏论深得夫子之心。颜回的境界，显然高于子路、子贡。子路志在开疆，子贡志在游说，而颜回则志在教化。

孔子重视教化。孔子的使命就是教化众生，让众生离苦得乐。

天下之无道也久矣，天将以夫子为木铎。（《八佾》）

译文

天下黑暗日子也长久了，上天要把他老人家做人民的导师哩。

◈ 冉氏三贤篇 ◈

《冉氏族谱》称，离娶颜氏，生长子耕，次子雍。颜氏死，又娶公西氏，生求。后公西氏闻孔子设教阙里，命三子往从学焉。

史书还记载，冉氏父子兄弟十余人师从孔子，最著名的有五人。除三贤（冉耕、冉雍、冉求）外，还有冉孺（求之长子），冉季（雍之次子）。可以看出，冉氏家族为儒家学说的发扬光大做出了相当大的贡献。冉氏家族祖庙中有这样一副对联：一门五子从圣，十哲三贤列科。

伯牛英年早逝

伯牛有疾，子问之，自牖执其手，曰："亡之，命矣夫！斯人也而有斯疾也！斯人也而有斯疾也！"（《雍也》）

译文

伯牛得了病（据说是麻风病），孔子去问候他，从窗户里握着他的手，道："死亡，这是命啊！这么好的人却得了这么恶的病啊！这么好的人却得了这么恶的病啊！"

冉耕，姓冉名耕，字伯牛。好学不倦，多次向孔子询问"仁"及"君子"的内涵。性格略显躁动且喜欢多言。做事谨慎认真，在处理日常事务

31

方面独具才干，孔子对他极为器重，曾让他担任中都宰，后辞职随孔子周游列国。

然而不幸的是，年纪轻轻的伯牛竟患上了无法治愈的恶疾。

伯牛到底得了什么病？

一般认为，伯牛得了麻风病。这种病起初只是皮肤粗糙发痒，先四肢，后全身都长出密密麻麻的有棱角的鱼鳞片。鳞片渐渐迸裂，以至皮肉溃烂，浓血淋漓，不堪入目，异臭扑鼻……

这种病有没有传染性？孔子为何不进屋而从窗户与他握手？这是《论语》中的不解之谜。

然而问题来了。按中国人的观念，伯牛德行如此之好，本不应该得恶疾而亡啊！

子曰：命矣夫。

李炳南说："尧有丹朱，舜有商均，孔子晚年丧子，弟子颜渊早死，皆是天命。"

这绝对不是迷信！

圣贤教化，不离因果。

人人知因果，天下大治之道也；人人不知因果，天下大乱之道也。

自卑的仲弓

子谓仲弓，曰："犁牛之子骍且角；虽欲勿用，山川其舍诸？"（《雍也》）

译文

孔子谈到冉雍，说："耕牛的儿子长着赤色的毛，整齐的角；虽然不想用它做牺牲来祭祀，山川之神难道会舍弃它吗？"

仲弓就是冉雍。仲弓有点自卑。史书中记载，"仲弓父贱而行恶"，这让仲弓在别人面前抬不起头。

孔子很仁慈，用"犁牛之子"来比喻，鼓励仲弓。

古代祭祀用牛，毛色必须纯正，牛角必须整齐，即"骍且角"。犁牛是耕牛，毛不纯，角不正，不能用来祭祀。古人有一种偏见，认为犁牛生的牛也不能用来祭祀。

这确实是一种偏见。

而孔子不这样认为。他反而以此为喻勉励仲弓：你仲弓天生优质，为世所用是天意，也是你的伟大使命，何必在意自己的出身呢？

有师如此，夫复何求？

冉雍，可使南面

子曰："雍也可使南面。"（《雍也》）

译文

孔子说："冉雍这个人，可以让他做一个部门或一个地方的长官。"

是啊，英雄不问出处。冉雍拜师孔子后，跟随孔子周游列国。为人仁笃厚道，不善言辞，而且任劳任怨，有宽宏器量。孔子非常欣赏他，他多次向孔子求教"仁"的真谛，对仁德的追求尤坚持不懈。冉雍还具有高明的政治见解和超群的政治才干，他被鲁国实权人物季氏看中，曾担任季氏家族总管。正因为如此，孔子才这样高度评价他：可使南面。

这个评价意味着什么？

《周易·说卦传》中说："离也者，明也，万物皆相见，南方之卦也。圣人南面而听天下，向明而治，盖取诸此也。"

在后天八卦中，南面是离卦，离为明，圣人向着光明来治理天下，这是比喻治天下要用智慧。

朱熹说："南面者，人君听治之位，言仲弓有人君之度也。"朱熹认为，可使南面的人可以为人君、为帝王。

李炳南在《论语讲要》中说："有治民之权者，皆得称为南面。"

从古人注解来看，冉雍确实有从政的素质、气度与才华。

多才多艺的冉求

冉求也称冉有，孔子不止一次称赞冉求的多才多艺：求也艺。这主要表现在政治、经济、军事三方面。

车上的问答

子适卫，冉有仆。子曰："庶矣哉！"冉有曰："既庶矣，又何加焉？"曰："富之。"曰："既富矣，又何加焉？"曰："教之。"（《子路》）

【译文】

孔子到卫国，冉有替他驾车子。孔子道："这里人口真多啊！"冉有道："人口已经众多了，又该怎么办呢？"孔子道："使他们富裕起来。"冉有道："已经富裕了，又该怎么办呢？"孔子道："教育他们。"

师生们周游列国来到卫国。

这是一次经典的对话。没有一定的政治素养绝不可能问出这样的问题。

"一车问答，万古经纶。"大思想家李卓吾如此评论。一次看似不经意的对话，却道出了治国的大道理。

人口问题，温饱问题，教育问题，每一个都至关重要。如何处理好三者关系更能体现出政治家的智慧。

比如教育问题，教育就是教化。

《礼记》有云："建国君民，教学为先。"建设国家，治理民众，应当以教化为首要任务。尤其是当一个国家老百姓都富足了，如果不进行思想教育，后果是难以想象的。

冉求被攻击

季氏富于周公，而求也为之聚敛而附益之。子曰："非吾徒也，小子鸣鼓而攻之，可也。"（《先进》）

译文

季氏比周公还富有，冉求却又替他搜刮，增加更多的财富。孔子道："冉求不是我的学生了，你们可以大张旗鼓地来攻击他。"

史书中记载，冉求不拘泥传统，大胆改革，为季康子积累了大量财富，使季氏富埒王侯，可见冉求在经济管理方面的才华。

但孔子为何批评他？

李卓吾云："攻求，正所以攻季氏。"也就是说，孔子通过责备冉求来责备季氏的。

为什么不直接责备季康子呢？

这样做不符合礼节。

为什么要责备季康子呢？

因为季康子只顾自己敛财，没有想到为百姓做好事。

《大学》有云："财聚则民散。"孔子是在敲打季康子：当心民心涣散。

《论语》可以这样读

一战成名，不忘师恩

其明年，冉有为季氏将师，与齐战于郎，克之。季康子曰："子之于军旅，学之乎？性之乎？"冉有曰："学之于孔子。"（《史记》）

译文

过了一年，孔子的弟子冉有被聘为季氏的军队统帅，冉有率军在郎地与齐国军队作战，击败了齐国军队。季康子对冉求说："冉有，你的军事才能，是学来的？还是天生的？"冉有回答说："我是从我老师孔子那里学来的。"

鲁哀公十一年春天，齐国因故出兵侵扰鲁国。冉求与樊迟率军迎敌，大获全胜。第二年，齐国再次犯鲁，冉求再次率军一举克敌，冉求的军事指挥才能从此远播诸侯。

虽曾遭到孔子的严厉批评，但他与先生关系并未因此受到影响。他不但感恩老师给了他知识，而且强烈支持季康子召回孔子。季康子派遣大夫带着征聘的礼物去迎接孔子，孔子终于返回鲁国。

冉求的境界

孔子的一句话点评可以看出冉求的境界。

求也艺。

这个境界怎么样？

"志于道，据于德，依于仁，游于艺。"这是孔子的评价标准。

按照这个标准来说，冉求处于最低层次。

艺是技艺。学点技艺，多一点本领，像冉求一样，也了不起了。

但孔子不满意。

"志于道"，是孔子的志向，他也这样要求学生。

孔子如此，颜回亦如此。

六祖慧能亦如此。

当慧能不远万里黄梅求法时，见了五祖。五祖问他："你来这儿做什么？"慧能大师说："我是来做佛的！"

闵子骞篇

孝哉闵子骞

子曰："孝哉闵子骞，人不间于其父母昆弟之言。"（《先进》）

译文

孔子说"闵子骞确实孝顺啊，人们对于他爹娘兄弟称赞他的话并无异议。"

闵子骞出身贫寒，幼年时生母就因病早逝，从此失去了母爱，生活艰辛。他的父亲后来续妻，再生二子。其后母狭隘自私，对亲生儿子百般照顾，而对子骞则另眼相看。严寒的冬天，后母为他们做冬衣，给亲生儿子絮以棉花，而给子骞絮入芦花。对此，子骞并无怨言，对待后母更加恭顺。有一次，同父亲外出谋生，父亲让他赶车，因为天寒，他手僵而拿不稳缰绳，父亲不明缘由挥鞭责打。后来抚摸子骞后背，才知道儿子冬衣太单薄。父亲深感内疚，决定休掉续娶的妻子。子骞知道父亲的想法，立即阻止他说："母在一子单，母去三子寒。"父亲为子骞真诚的孝心所感动，打消了休妻的念头。子骞对父母能尽孝道，对兄弟也竭尽友爱，后来受到父母兄弟的交口称赞，也为当时远近的人士所称道。孔子也赞叹道："人们从不怀疑闵子骞父母称赞他的孝行的话。"

不食污君之禄

季氏使闵子骞为费宰。闵子骞曰："善为我辞焉！如有复我者，则吾

必在汶上矣。"(《雍也》)

译文

季氏叫闵子骞做费地的县长。闵子骞对来人说道:"好好地替我辞掉吧!如果再来找我的话,那我一定会逃到汶水之北。"

子骞把孔子提倡的仁德理想作为自己一生追求的目标,并时刻身体力行。当时鲁国执政季氏素闻子骞仁孝贤德,因而托人请子骞去当费城长官,子骞勉强答应下来。但当听说费城只是季氏的私人领地,于是决定辞去费宰职务。季氏派人再三游说,子骞决意不肯,并对来人说:"好好地替我辞掉吧,若是再来找我的话,我一定会逃到汶水之北去了(逃出鲁国)。"季氏只好作罢。原来当时的鲁国大政已被季氏把持,鲁君只是一个傀儡。在子骞看来,这是大逆不道的,因而坚决辞去费宰一职以洁身自好。孔子称赞他"不仕大夫,不食污君之禄"。

对于此事,古人这样评价:有志气,有节操,羞杀冉求、仲由。冉求仲由都曾做过季氏家臣,尤其冉求,还为季氏积累了不少财富。如此评价,可见子骞情操之高。

宰予篇

宰予也称宰我。在孔门弟子中,宰予以能言善辩著称。孟子赞他"善为说辞",司马迁说他"利口辩辞"。孔子曾多次派他出使齐楚等国,以发挥他的特长。宰予善思,而且思想比较开放。曾当着孔子的面指出服丧一年已经过久,坚决反对三年之丧。

信道不笃

宰我问曰:"仁者,虽告之曰'井有仁焉',其从之也?"子曰:"何为其然也?君子可逝也,不可陷也;可欺也,不可罔也。"(《雍也》)

译文

宰我问孔子："对于仁者来说,即使告诉他'井中有人',他会跟着跳下去吗?"孔子道："为什么你要这样做呢?君子可以叫他远远走开不再回来,却不可以陷害他;可以欺骗他,却不可以愚弄他。"

宰予擅长言辞,但对仁的追求远不及颜回,他常常想,一味行仁,坚持做仁德之事,若遇到陷害该怎么办呢?

宰予问得巧妙,但这是信道不笃的表现。"信为道之功德母",如果一个人对道的追求没有信心,他就很难成就。

孔子回答得很坚决。他在提醒宰予,一个人在追求仁德的过程中,可能会受骗甚至被侮辱,但他绝不会因此而动摇。

知其不可而为之。

虽千万人吾往矣。

这就是孔子。

千古一骂

宰予昼寝。子曰:"朽木不可雕也;粪土之墙不可杇也;于予与何诛?"子曰:"始吾于人也,听其言而信其行;今吾于人也,听其言而观其行。于予与改是。"(《公冶长》)

译文

宰予在大白天睡觉。孔子说:"腐烂了的木头不可以雕刻;粪土似的墙壁粉刷不得;对于宰予这样的人不值得责备啊!"又说:"最初我对于人,是听到他的话便相信他的行为;现在我对于人,是听到他的话还要考察他的行为。从宰予的事件以后,我改变了态度。"

这应该是孔子对弟子最严厉的一次批评。为什么要批评?宰予大白天睡觉,孔子不满意宰予这种做派。他通过批评宰予来教化大众,人不能懈怠,不能因循守旧,否则会荒废自己一生。"黑发不知勤学早,白首方悔读书迟"，我们要理解圣人的心思。

宰予虽遭孔子严厉批评，但不改对孔子的崇敬之心。他曾说："以予观于夫子，贤于尧舜远矣。"孔子之人格魅力由此可见一斑。

子游篇

子游是吴国人，是孔门七十二贤中唯一一位南方弟子，人称"南方夫子"。入学孔门较晚，但学有所成，在文学科中占第一位。子游对孔子竭力倡导的仁礼有特别的领悟，形成他独有的气概和作风。他重视仁礼的精神本质，忽视其礼数小节。子游对丧礼有深入的研究，常能提出一些独到的看法。孔子死后，子游及其后学独成一派。他关于"大同""小康"理想社会的描述对后世乃至整个中华文化都产生了重大的影响。

武城弦歌

子之武城，闻弦歌之声。夫子莞尔而笑，曰："割鸡焉用牛刀？"子游对曰："昔者偃也闻诸夫子曰：'君子学道则爱人，小人学道则易使也。'"子曰："二三子！偃之言是也。前言戏之耳。"（《阳货》）

[译文]

孔子到了武城，听到了弹琴瑟唱诗歌的声音。孔子微微笑着，说道："杀鸡何必用宰牛的刀？"子游答道："以前我听老师说过：'做官的学习了，就会有仁爱之心；老百姓学习了，就容易听指挥。'"孔子便向学生们说："弟子们，言偃的话是正确的。我刚才的话不过是同他开玩笑罢了。"

孔子十分重视音乐对成就个体人格的重要作用。他说"兴于诗，立于礼，成于乐"，其实这就是所谓的诗教、礼教和乐教。孔子认为人格境界的最终提升需要音乐来完成。

孔子也十分重视音乐的政治教化作用。"移风易俗莫善于乐，安上治民莫善于礼"，他认为音乐可以改变一个地方的社会风气。

武城是鲁国一个小镇，辖地不大，但风气鄙陋。子游为武城宰时才20多岁，但他学以致用，注重礼乐教化。经过几年治理，武城人民懂得礼乐，伦理道德深入人心，人们都好善好德，社会非常和谐。孔子与弟子们前去考察，看了非常高兴，竟然和学生们开起了玩笑。

发现了人才

子游为武城宰。子曰："女得人焉耳乎？"曰："有澹台灭明者，行不由径，非公事，未尝至于偃之室也。"（《雍也》）

译文

子游做武城县县长。孔子问："你在这儿得到什么人才没有？"子游回答说："有一个叫澹台灭明的人，走路从来不走捷径，不是公事从不到我屋里来。"

发现人才可以说是子游在武城的又一政绩。他发现澹台灭明这个人很正直，为人也好，就把他推荐给了孔子。

据说澹台灭明长相丑陋，孔子认为他没多大才能。后来澹台灭明在吴地游学时影响很大，是南方一个有影响的学派，其才干和德行传遍了各国诸侯。孔子感慨地说，我凭语言判断看错了宰予，凭长相判断看错了子羽（澹台灭明的字）。

子夏篇

子夏家境贫寒。史书中记载，"子夏家贫，衣若悬鹑"。说他因为家贫，衣服破烂得像悬挂着的鹌鹑。但他是一个讲究气节的人。有人劝他做官，他凛然回答："诸侯之骄我者，吾不为臣，大夫之骄我者，吾不复见。"我们能看出他坚持气节不为荣华富贵所屈服的精神。子夏曾陪同卫君会见赵简子，赵简子无礼地披发杖矛而见。子夏快步上前，斥责赵简子说："君不朝服，行人卜商将以颈血溅君之服矣。"赵简子在子夏凛然正气面前，只好换穿朝服以礼会见卫君。

法家先驱

子夏曰："君子有三变：望之俨然，即之也温，听其言也厉。"（《子张》）

译文

子夏说："君子在别人看来仿佛有三种变化：远远望着，庄严可畏；向他靠拢，温和可亲；听他的话，严厉不苟。"

郭沫若认为子夏是前期法家的源头。子夏心目中的君子是知变通、懂权术、有心计的君子，完全不同于孔子心目中"温文尔雅""坦荡荡"的君子，体现出法家察势和用权的精神，与儒家主张恪守礼仪的君子之道明显相悖。正因为如此，子夏才会教出李悝、吴起等这样的法家弟子。

帝王师

孔子去世后，子夏是各国士人公认的宗师般的大儒。魏文侯对子夏极为推崇，不但拜子夏为师，还延请他到西河讲学。儒家的梦想就是给国君做老师。子夏是第一个享有"帝王师"美誉的大师。由于子夏长期在西河讲学，西河学派得以形成。西河学派确实为魏国吸引和培养了大批官员，一时间魏文侯手下人才济济，魏国也在战国七雄中率先强大起来。

两个版本

有一个关于子夏的故事，但有两种版本。

"孔子将行，无盖，弟子曰：'子夏有盖，可以行。'孔子曰：'商之为人也，甚悋于财！吾闻与人交者推其长者，违其短者，故能久长矣。'"

"孔子将行，无盖，弟子曰：'子夏有盖，可以行。'孔子曰：'商之为人也，甚短于财！吾闻与人交者推其长者，违其短者，故能久长矣。'"

两则都讲到孔子向子夏借伞的事。孔子不愿向子夏借，原因是不想让子夏难堪，但谈到子夏时，两种版本有一字之差。《孔子家语》中是"悋"字，"悋"是吝啬之意，明显带不满或批评之意。我不喜欢这个版本。果若如此的话，子夏也太小家子气了，这就彻底颠覆了我对子夏的印象，打死我也不相信堂堂子夏竟然是个吝啬鬼。而《说苑》中是"短"字，"短"是"贫穷"的意思，说子夏贫穷，这很客观，丝毫不影响子夏的形象，也符合史书中的记载，也更能体现出孔子他老人家的心地善良，能够理解人同情人的处境。这个版本我很喜欢。不知道你喜欢哪一个？

孔门十哲

德行：颜渊，闵子骞，冉伯牛，仲弓。言语：宰我，子贡。政事：冉有，季路。文学：子游，子夏。(《先进》)

译文

（孔子的弟子各有所长）德行好的有：颜渊，闵子骞，冉伯牛，仲弓。娴于辞令的有：宰我，子贡。能办理政事的有：冉有，季路。熟悉古代文献的有：子游，子夏。

这是《论语·先进》中的一则，这里列举的十位弟子是孔子门下最优秀的，合称"孔门十哲"，而前面的四种专业特长则合称"孔门四科"。

这则很短，却耐人寻味。

一是既然是最优秀的，为何没有曾子、有子和子张？

二是四科排序有何讲究？为什么不同时期、不同史料的排序稍有不同？

这些问题都是学术性很强的问题，历代学者均有多种解释，在此不再重复。

有意思的是，释迦牟尼也有十大弟子，他们是：智慧第一舍利弗、神通第一目犍连、头陀第一摩诃迦叶、天眼第一阿那律、解空第一须菩提、说法第一富楼那、论义第一迦旃延、持律第一优婆离、密行第一罗睺罗、多闻第一阿难陀。

以上十位是佛弟子中特别卓越之人，皆具众德且各有偏长，这与孔门十哲是不是一种巧合？

曾子篇

孔门十哲中没有曾子，但我们必须要讲曾子。

曾子是至孝之人

曾子有疾，召门弟子曰："启予足！启予手！《诗》云，'战战兢兢，如临深渊，如履薄冰。'而今而后，吾知免夫！小子！"（《泰伯》）

译文

曾参病了，把他的学生召集起来，说道："看看我的脚！看看我的手！《诗经》上说，'好像面临着深渊，好像走在薄薄冰层之上。'从今以后，我才晓得自己是可以免于祸害刑戮的了！学生们！"

曾子即曾参。曾子一生中最为突出的是他的孝行和孝道理论。养亲、敬亲、谏亲、慎终追远、全体贵生是曾子孝道的基本内容。翻开古书，关于曾子大孝的故事比比皆是。啮指痛心、曾子休妻等故事中国老百姓耳熟能详，在此不再赘述。

这则选文是曾子临终前的遗训。

一是教导弟子要终生行孝。"身体发肤，受之父母，不敢毁伤，孝之始也。"曾子一生行孝，真正做到了仰不愧于天，俯不怍于人。临终之前，他让弟子们验证，看手，看足，看全身，果然完好无损。曾子主张全体贵生，爱护自己的身体就是孝敬父母，自己完全做到了，勉励弟子也要学他终身行孝。

二是教导弟子们，终身行孝并不容易，要时刻保持着一种危机感。他引用《诗经》中的原话，要弟子们始终战战兢兢，如履薄冰。读到这里，不由想到佛陀涅槃之前的情景，他全身发光，示现金色身，劝导弟子勤修正法，这与曾子临终前是何其相似啊！

曾子的功夫

曾子曰："吾日三省吾身——为人谋而不忠乎？与朋友交而不信乎？传不习乎？"（《学而》）

【译文】

曾子说："我每天多次地反省自己——替别人办事是不是尽心尽力呢？跟朋友交往是不是真诚呢？老师传授的知识是否复习过了呢？"

曾子每天为什么从这三个方面反省自己，而不是其他方面，这就需要从儒家思想对修身的要求说起：内省。内省，本应是中华文化的信仰。先圣孔子说"内省"，曾子说"三省吾身"，孟子说"自反""反求诸己""反身"，荀子说"自省""自存"，后世诸儒皆重内省。刘宗周曾说："内省不仅是自我修行的根本功夫，甚至是修身的唯一途径。"遗憾的是，在当代国人中，此传统远没有真正成为一种信仰。

孔门弟子，有三千之众，贤人也七十有二。在这个群体中，曾子天分不高，甚至有些鲁钝。但是，后来却取得那么大的成就，原因之一就在于其内省的修身功夫。内省也就成了后世学儒的"不二法门"。

儒家强调内省，意在塑造理想人格。具体来讲，内省的目的在于"使良心常在"，即让"仁""义""礼""智""信"等时时"主宰"内心。因为，若心中无此"主宰"，则"私意"就会乘虚而入，而内省可以排斥和克服"私意",内省的最终目的是让自己成为君子或圣人。

孔子接班人

子曰:"参乎!吾道一以贯之。"曾子曰:"唯。"子出,门人问曰:"何谓也?"曾子曰:"夫子之道,忠恕而已矣。"(《里仁》)

【译文】

孔子说:"曾参呀!我的学说贯穿着一个根本原则。"曾子说:"是。"孔子走出去以后,别的学生便问曾子道:"这是什么意思?"曾子道:"夫子的学说,只不过是忠和恕罢了。"

孔门弟子中颜回最有资格做接班人,可惜英年早逝,孔子只得另选其人。弟子三千,优秀者很多,为何单单选中了曾子?对此,论者颇多,但本人不敢苟同。我个人认为,最主要有以下两点原因。

一是曾子的孝。

做孔子接班人其实就是要传承孔门心法,不同于世间学问,传承者必须要有特别的禀赋。中国传统观念始终认为,所谓成仙成佛,都是出于大忠大孝之人。儒家也好,佛家也好,很多理论都是以"孝"为基础的。可以说"孝"是众妙之门。至孝之人有善根,易开悟。孔子选中曾子,并亲传《孝经》,看来并不是偶然的。

二是曾子的鲁。

"参也鲁",这是孔子对曾参的评价。鲁,钝也,论者多以"鲁"为贬义,我看不然。曾子之鲁与颜回之愚,同为大境界。"聪明乃障道之藩屏",看似"鲁"或"愚",实则心无妄念,内心清净。心净则心静,《大学》有云:"静而后能安,安而后能虑,虑而后能得。"心法的传承不同于世间法的传承,世间的世智聪辩根本无力承担这一重任。曾子看似愚鲁,实则具有般若智慧。因此笔者认为,正是因为曾子具备这两个异禀,再加上内省的修身功夫,孔子才放心地选定他做接班人。事实证明,孔子的选择是正确的。曾子没有辜负恩师的重托,将心法一直传承下去,由子思,再由孟子。

这则选文就是孔子传曾子心法的实录。

夫子之道到底是什么?夫子与曾子心心相印,心领神会,似乎根本无须多言。然而其他弟子们却一头雾水,只好问曾子。

曾子说是"忠恕之道"。

"忠恕之道"就是"夫子之道"吗?"一以贯之"的"一"是指"忠恕"吗?

是,又不全是。

夫子之道极为奇妙。

道可道,非常道。忠恕只不过是力行下手处而已。

"道"是月亮,"忠恕"仅指月之手而已!

有 子 篇

有若,姓有,名若,字子有,也称"有子"。

有子勤奋好学,"有子恶卧而淬掌",学习时担心睡着而用火烧手。

有子身高体壮,有勇力。鲁大夫物色300勇士夜袭吴王馆舍,有子被选中。

有若对孔子的思想有深刻的理解,并有创造性贡献。

有若还提出"减少税收,富民为本"的卓越思想,指出国家的富足与否要由百姓是否富足来决定。

著名论断

有子曰:"其为人也孝弟,而好犯上者,鲜矣;不好犯上,而好作乱者,未之有也。君子务本,本立而道生。孝弟也者,其为仁之本

《论语》可以这样读

与！"(《学而》)

译文

有子说："那种孝顺父母、敬爱兄长的人，却喜欢触犯上级，是很少见的；不喜欢触犯上级却喜欢造反的人，更是从来没有的。君子专心致力于基础工作，基础树立了，'道'就会产生。孝顺爹娘，敬爱兄长，这就是'仁'的基础吧！"

孝悌也者，其为仁之本欤！讲出了"圣贤之道就是孝悌的圆满落实"的秘密。

《孝经》云："先王有至德要道，以顺天下。民用和睦，上下无怨。"说的就是孝悌。

尧舜之道，孝悌而已矣。

由此可见，有子这一论断深得夫子思想之精微。

被拉下神坛

"孔子既没，弟子思慕，有若状似孔子。弟子相与共立为师，师之如夫子时也。"(《史记》)

有若被尊称为有子，可见其在孔门弟子中的地位非同一般。

《史记》中记载，孔子去世后，弟子们思慕孔子，因有若状似孔子，因此同学们共推有若为老师，并像对待老师一样来对待他。

但是有人反对，比如曾子。他说："这样做不可，老师的德行像长江的水洗过，像秋天的阳光晒过，清净洁白，无以复加，怎么可以只求面貌相似呢？"

但反对无效！

可不久，有人问了两个问题，有若一个也没答上来，于是学生们说："你还是让开吧，这不是你的座位啊！"

有子从此跌落神坛，同学们再也不像以前一样对待他了。

一、弟子篇

有子《周易》不过关

同学们究竟问了哪两个问题？《史记》中有详细记载。

第一个问题。

有一天学生们上前问有子，先生出行时，让弟子们带上雨具，后来果真下起雨来。弟子们问："先生怎么知道会下雨的？"先生说："《诗经》上说，月亮靠近毕宿，接着就会滂沱大雨，昨晚月亮不是靠近毕宿吗？"然而有一天，月亮又靠近毕宿，却没有下雨，请问有若老师这是为什么？

第二个问题。

商瞿年纪大了，没有儿子，他的母亲要替他另娶妻子。孔子派商瞿到齐国去，商瞿的母亲不同意。孔子说："不用担忧，商瞿40岁以后会有五个男孩子。"后来果真是这样。请问先生怎么知道会这样？

《史记》中记载，对这两个问题，"有若默然无以应"。

看来，这应该是一次有预谋有组织的提问，拿一个专业问题去问一个非专业老师，这不是明摆着是找茬吗？

子张篇

子张出身寒微但学业出众，孔子去世后形成一独立的大学派，后人称为"子张之儒"，为儒家八派之首。那么，在同学们心中，子张到底怎么样？

批评还是表扬

子游曰："吾友张也为难能也，然而未仁。"（《子张》）

译文

子游说："我的朋友子张是难能可贵的了，然而还没有达到仁的境界。"

曾子曰："堂堂乎张也，难与并为仁矣。"（《子张》）

[译文]

曾子说："仪表堂堂的子张啊，难以携带别人一同进入仁德。"

对于二人评价，古人似乎分歧很大。一种观点是，这是对子张的赞扬。子张与二位相处友好，这是同学间的相互激励。另一种观点则与之相反，认为这是在批评子张。认为子张学习孔子之道仅注重外表，而忽视内在修养。

这种观点似乎很有道理。孔子也曾批评子张做事偏激（师也辟），有点过分（师也过）。偏激什么？什么过分？古人认为子张对形式的模仿有点过分，行为有些偏激。

荀子曾评论说："弟佗其冠，衶襌其辞，禹行而舜趋，是子张氏之贱儒也。"

看来子张及其弟子做得确实过分，竟然在穿着打扮和言行举止上处处模仿圣贤，难怪荀子批评他们为"贱儒"。

好问的子张

子张问行。子曰："言忠信，行笃敬，虽蛮貊之邦，行矣。言不忠信，行不笃敬，虽州里，行乎哉？立则见其参于前也，在舆则见其倚于衡也，夫然后行。"子张书诸绅。（《卫灵公》）

[译文]

子张问如何才能使自己到处行得通。孔子道："言语忠诚老实，行为忠厚严肃，纵到了别的部族国家，也行得通。言语欺诈无信，行为刻薄轻浮，就是在本乡本土，能行得通吗？站立的时候，就仿佛看见'忠诚老实忠厚严肃'几个字在我们面前；在车厢里，也仿佛看见它刻在前面的横木上，这才能使自己到处行得通。"子张把这些话写在大带上。

《论语》中子张是问问题最多的学生之一。他向孔子问为官，问政，问孝，问文化，问仁，问善，问明，问德，问士，问行，几乎包括了孔子学问的全部内容。并且子张与孔子的每次问答篇幅都很长，而且总会把重点记在腰带上，可见子张的好问好学及孔子对他的偏爱。

"叶公好龙"的发明

子张见鲁哀公，七日而哀公不礼，托仆夫而去曰："臣闻君好士，故不远千里之外，犯霜露，冒尘垢，百舍重跰，不敢休息以见君，七日而君不礼，君之好士也，有似叶公子高之好龙也。"（《新序·杂事》）

译文

子张去拜见鲁哀公，过了七天鲁哀公仍不理他，子张托仆人带话，说："听说你喜欢人才，因此冒着风雪尘沙，百里一舍，足底老皮上又生出了硬皮，不敢休息而来拜见你，结果过了七天你都不理我，我觉得你所谓的喜欢人才倒是跟叶公喜欢龙差不多。"

这是《新序·杂事》中的记载。

从《论语》中子张的问题来看，子张对从政有着浓厚的兴趣，并且试图做具体的行政实践。《新序．杂事》中记载，子张慕鲁哀公好士之名曾不远千里求见，但遭到鲁哀公的冷遇。

子张很失望，说了一句："君子好士也，有似叶公子高之好龙也。""叶公好龙"这个成语从此产生。

子张这样说是讽刺哀公，讽刺哀公表面上说爱才，其实并不是真正爱才，而是在作秀，就像叶公口口声声说喜欢龙而并不是真正喜欢一样。

叶公好龙的故事我们非常熟悉，在此不再赘述。

那么，历史上的叶公果真如此吗？子张为何这样说叶公呢？古人有多种猜测，在此不作评论。不过《论语》中叶公与孔子确实有过一次交流。

叶公语孔子曰："吾党有直躬者，其父攘羊，而子证之。"孔子曰："吾党之直者异于是：父为子隐，子为父隐——直在其中矣。"（《子路》）

> **译文**
>
> 叶公告诉孔子道:"我家乡有个正直的人,他父亲偷了羊,他便告发。"孔子道:"我家乡正直的人与这不同:父亲替儿子隐瞒,儿子替父亲隐瞒——正直就在这里面了。"

从这则记录中来看,对于是否揭发父亲,叶公与孔子的观点不同。孔子认为如果揭发,这将会长不孝之风,这在儒家看来是大逆不道的,是破坏伦常的。

孔子与叶公观点是不同,但不至于因此导致孔子弟子对叶公不满,从而杜撰出"叶公好龙"的故事,这种推测格局是有点小了。

舜会做得更绝

桃应问曰:"舜为天子,皋陶为士,瞽瞍杀人,则如之何?"孟子曰:"执之而已矣。""然则舜不禁与?"曰:"夫舜恶得而禁之?夫有所受之也。""然则舜如之何?"曰:"舜视弃天下犹弃敝蹝也。窃负而逃,遵海滨而处,终身欣然,乐而忘天下。"(《孟子》)

> **译文**
>
> 桃应问道:"舜做天子,皋陶做法官,如果瞽瞍杀了人,那怎么办?"孟子答道:"把他逮捕起来罢了。""那么,舜不阻止吗?"答道:"舜凭什么去阻止呢?皋陶那样做是有所依据的。""那么,舜该怎么办呢?"答道:"舜把丢掉天子之位看作丢掉破拖鞋一般。偷偷地背着父亲而逃走,傍着海边住下来,一辈子逍遥快乐,忘记了他曾经君临天下。"

将《孟子》中的这则记录与《论语》中的攘羊对照来读,可以看出儒家对孝和伦常的重视。

舜这样做是对天下不负责吗?不是的!舜此时已经实现了垂拱而治,已经把天下治理得非常好了。在儿子与天子之间舜选择了儿子,舜这样做一定会感化父亲的,一定会感动天下的,这不也是以孝治天下吗?

孔子所提倡的"子为父隐,父为子隐"不也是希望达到这样的效果吗？

孔子篇

孔子曰："受业身通者七十有七人，皆异能之士也。"（《史记》）

译文

孔子说："（我的学生）接受学业后通晓六艺的有七十七人，他们都是有奇异才能的人。"

这是《史记》中的记录。那么问题来了，孔子为何能培养出如此多的优秀弟子呢？

学识渊博

达巷党人曰："大哉孔子！博学而无所成名。"子闻之，谓门弟子曰："吾何执？执御乎？执射乎？吾执御矣。"（《子罕》）

译文

达巷党这个地方有人说："孔子真伟大啊！他学问渊博，因而不能以某一方面的专长来称赞他。"孔子听了这话，就对学生们说："我干什么呢？赶马车呢？做射击手呢？我赶马车好了。"

孔子学识渊博，这是当时天下共识。史书中记载，上至国君，下至普通老百姓，每遇到疑难问题，总会想到向孔子求教。

《孔子家语》中记载，季桓子打井，得到一个土缶，里面有个像羊的东西。季桓子派人去问孔子说："我在费地打井，在井中得到一只狗，这是怎么回事？"孔子说："就我所知，应该是一只羊。我听说山里中的精怪有夔和魍魉，水中的精怪有龙和罔象，土中的精怪有羵羊。"

类似的记载还很多。

吴国攻打越国，获得了一节巨大的骨头，大到要用一辆车来装。吴国国君派使者向孔子请教骨头来历。

孔子在陈国，陈惠公请他住在上等宾馆。当时有一只隼鸟倒在陈惠公的厅堂上，已经死了。射死它的箭杆是楛木制成的，箭头是石头做的，陈惠公让人去孔子馆舍询问这支箭的来历。

孔子渊博不仅如此。他上知天文，下通地理，无所不知，无所不晓。不仅折服了弟子们，也折服了其他人。

老师知识渊博，多才多艺，会为学生树立一座无言的丰碑，就能吸引学生积极主动地学习，教育就能取得良好的效果。

有人格魅力

子禽问于子贡曰："夫子至于是邦也，必闻其政，求之与？抑与之与？"子贡曰："夫子温、良、恭、俭、让以得之。夫子之求之也，其诸异乎人之求之与？"（《子路》）

译文

子禽向子贡问道："夫子每到一个国家，必然听得到那个国家的政事，那是求来的呢？还是别人自动告诉他的呢？"子贡道："夫子是靠温和、善良、严肃、节俭、谦逊来取得的。夫子的那种获得的方法，和别人获得的方法，不相同吧？"

政事是国家机密，但各国统治者对孔子高度信任，愿意向他公开国家机密，乐于和他探讨如何安邦定国。靠的是什么？孔子的人格魅力：温良恭俭让。

老师的人格魅力对学生成长及人格形成无疑具有深刻的影响，这是任何教科书和奖惩制度无法替代的。它可以唤醒人的良知，从而产生无法估量的教育效应。

启发式教学

子曰："不愤不启，不悱不发。举一隅不以三隅反，则不复也。"（《述而》）

译文

孔子说:"教导学生,不到他想求明白而不得的时候,不去开导他;不到他想说出来却说不出的时候,不去启发他。给他指出一个方面,如果他不能由此推知其他三个方面,就不再教他了。"

这是孔子的教学方式:启发式教学。这种教学理念永不过时。当前教育界历次教学改革均倡导这一方式。

启发式教学体现出老师的智慧与善巧,他懂得观机,时机成熟了,再适当点化,学生就会豁然开朗,这远比什么填鸭式的教学有效得多。

佛学教学亦是如此,不到一定程度,老师是不会点破的,否则就会堵住弟子们的悟门,以后就难以开悟了。

这是一种教学艺术,能最大限度地激发出学生的潜能。这也不是现代教育新理念"以学生为主体,教师为主导"所能概括的。难怪孔门学霸颜回曾慨叹:

夫子循循然善诱人,博我以文,约我以礼,欲罢不能。既竭吾才,如有所立卓尔,虽欲从之,末由也已。(《子罕》)

译文

老师善于有步骤地引导我们,用各种文献来丰富我们的知识,用礼来约束我们的行为,我们想要停止学习都不可能。我们已经用尽自己的才力,似乎有一个高高的东西立在我的前面,虽然我想要追随上去,却找不到可循的路径。"

有教无类

子曰:"**有教无类**。"(《卫灵公》)

译文

孔子说:"人人我都教育,没有区别。"

这是孔子的"仁"心。古大德曰:"佛菩萨之心也。"孔子以慈悲为本,不管是谁,只要肯学,他都会教。

往大了说，这一做法加速了人类文明的进程。往小了说，这体现了孔子对"人"的尊重，体现了老师对学生的尊重。

当一个学生被尊重时，他一定会感受到为人的价值，进而审视自身，发现自我，进而成为一个"有用"的人。德国哲学家卡尔雅斯贝尔斯说过："教育意味着一棵树摇动另一棵树，一朵云推动另一朵云，一个灵魂唤醒另一个灵魂。"要想唤醒一个人的灵魂，就必须尊重他。

孔子境界高

子曰："吾有知乎哉？无知也。有鄙夫问于我，空空如也。我叩其两端而竭焉。"（《子罕》）

译文

孔子说："我有知识吗？没有。有一个粗鄙之人问我，我本是一点也不知道的。我从他那个问题的首尾两头去盘问，然后尽量地告诉他。"

我们只知道孔子的境界很高，但高到了什么程度，似乎很难说清，我们有时只能通过《论语》中的只言片语细细品味。孔子说，当有人请教他的时候，他"空空如也"，我们必须注意这四个字。"空空如也"，佛学里面常提到的境界，也是非常高的一种境界。第一个"空"，道出了宇宙的真相，万法皆空。但若停留在这个境界，这是小乘的境界，格局还不够大。第二个"空"更厉害，连"空"都"空"掉了，这至少超出了罗汉的境界。孔子到底是什么境界，他自己没说，他的学生也不理解，周围的人更不理解，看来，我们只能自己去品，去细细品。

俗话说：名师出高徒。有师如此，培养出这么多"异能之士"也就不奇怪了。

二、君臣篇

> 孔子为鲁国人，曾经历三任国君。大夫中季氏最强，三任宗主及各自的家臣均与孔子有互动。他们之间发生了什么？本篇一一道来。

鲁昭公篇

陈司败问昭公知礼乎，孔子曰："知礼。"孔子退，揖巫马期而进之，曰："吾闻君子不党，君子亦党乎？君取于吴，为同姓，谓之吴孟子。君而知礼，孰不知礼？"巫马期以告。子曰："丘也幸，苟有过，人必知之。"（《述而》）

译文

陈司败问孔子鲁昭公懂不懂礼，孔子道："懂礼。"孔子走了出来，陈司败便向巫马期作了个揖请他走近自己，然后说道："我听说君子无所偏袒，难道孔子竟偏袒吗？鲁君从吴国娶了位夫人，吴和鲁是同姓国家，于是称她吴孟子。鲁君若是懂得礼，谁不懂得礼呢？"巫马期把这话转告给孔子。孔子道："我真幸运，假若有错误，人家一定给指出来。"

鲁昭公确实违礼了，但孔子却说他知礼。孔子这样说，虽然与事实不符，但符合周礼：为尊者讳。

有恩于孔子

孔子这样说，还有没有其他原因？有！有学者认为，这是孔子对鲁昭公的感恩，因为鲁昭公曾有恩于孔子。那么，鲁昭公到底做了哪些有恩于孔子的事呢？至少有以下两件。

一是孔子生了儿子之后，鲁昭公第一时间派人送来一条鲤鱼表示祝贺。史书中这样记载：

至十九，娶于宋之亓官氏，一岁而生伯鱼。鱼之生也，鲁昭公以鲤鱼赐孔子。荣君之贶，故因以名曰鲤，而字伯鱼。（《孔子家语》）

译文

孔子十九岁，娶了宋国亓官氏的女儿为妻，一年后生下伯鱼。伯鱼出生时，鲁昭公送给孔子一条鲤鱼。孔子得到国君的赏赐感到很荣耀，所以给儿子取名鲤，字伯鱼。

一个人受人尊敬，一定是有原因的。一个人受到当权者的尊重，一定是有让当权者尊敬的理由。一个刚刚20岁左右的青年，居然能受到国君的赏识，这得益于他的学问及人品。此时的孔子，不仅成了通晓六艺的专家，而且也成了国家最需要的人才。此时的孔子也最需要别人的认可，更何况是国君的认可。因为那不久前发生的一件事，让孔子终生难忘。《史记》中记载：

孔子要绖，季氏飨士，孔子与往。阳虎绌曰："季氏飨士，非敢飨子也。"孔子由是退。（《史记》）

译文

孔子腰间还系着孝麻带守丧期间，鲁国贵族季孙氏举行宴会款待名士，孔子前去参加。季孙氏的家臣阳虎阻挠说："季氏招待名士，没有请你啊。"孔子因此退了回来。

二、君臣篇

季氏（季平子）家要举行招待"士"的宴会。"士"是当时贵族最低的一级，它的地位虽低，却是进入上层社会的起点。鲁国的执政者每年都要举行这样的宴会，叫"飨士"之宴，执政者利用这样的宴会招贤纳士选拔人才。

孔子虽然没有接到邀请，但他认为他自己够资格。因为他父亲叔梁纥是大夫，自己当然也就是"士"了，于是他兴致勃勃地走向季氏家，准备赴宴。因母亲刚刚去世，孔子还在服丧期间，腰间还扎着一条白色麻带。让他万万没有想到的是，他连季氏家的门也无法进入，阻拦他的人正是阳虎。这个阳虎，是季氏家臣，我们以后还要讲。为什么阻拦他呢？理由很充分：季氏飨士，非敢飨子也。这是孔子想进入上层社会时遭遇的当头一棒。自己明明是贵族之后，却得不到他们的认可。这样的羞辱和打击，孔子只好默默地吞进肚里。

可以这样说，此时鲁昭公送给孔子的不只是一条鲤鱼，而是一个"士"的身份证。这条鲤鱼，象征着国君对孔子"士"的身份的认可，并为他以后的发展铺平了道路。

鲁昭公送鱼的事，像春风一样，吹遍了曲阜，吹遍了鲁国，孔子的知名度越来越大了，孔子在鲁国的社会前程，已经曙光初现……

为纪念这一高光时刻，孔子干脆给自己的儿子取名为鲤，字伯鱼。

二是鲁昭公资助孔子适周访学。

鲁南宫敬叔言鲁君曰："请与孔子适周。"鲁君与之一乘车，两马，一竖子俱，适周问礼，盖见老子云。孔子自周反于鲁，弟子稍益进焉。（《史记》）

译文

鲁人南宫敬叔对鲁昭公说："请让我跟随孔子前往周的京都洛邑。"鲁昭公给他们一辆车、两匹马，还有一名童仆同行，前往周的京都洛邑询问周礼，据说见到了老子。孔子从周的京都洛邑回到鲁国之后，投到门下的弟子逐渐增多了。

这是《史记》中的记载。可以看出，对于孔子这次适周访学，鲁昭公给予了大力的支持。京师洛邑是全国最大的政治文化中心，那里收藏着全国最丰富的文物典籍，保存着最完备的国家礼仪制度，聚集着方方面面的优秀人才。

这次访学将进一步提升孔子的知名度，更为重要的是提升了孔子的思想境界，因为他拜访了当时的另一位智者：老子。

这次见面被闻一多形容为人类历史上最伟大的聚会之一。他们的见面，是日月相会，堪比太阳和月亮的碰撞。

这次见面，是中国文化儒与道的交融。儒道从来不是冲突的，完全是相通的。

这次见面，老子给孔子留下了深刻的印象。孔子是这样告诉学生的："鸟，我知道它能飞；鱼，我知道它能游；兽，我知道它能跑。会跑的可以织网捕获它，会游的可以用丝线去钓它，会飞的可以用箭去射它。至于龙，我就不知道该怎么办了，它是驾着风而飞腾升天的。我今天见到的老子，大概就是龙吧！"

这次来京师，孔子除了拜访了老子，还拜见了苌弘大夫，并向他请教音乐方面的知识。苌弘学识渊博，史书中是这样描述他的："天地之气，日月之行，风雨之变，历律之数，无所不通。"

由此看来，此次来京，孔子可谓收获满满，并在一定程度上造成了轰动效应，当他返回鲁国时，追随他学习的人更多了。

斗鸡之变

《论语》中关于昭公就仅有这一则记载，那么昭公后来怎么样了呢？

鲁昭公是春秋时期鲁国第24任君主。他在位时，鲁国因斗鸡而发生内乱。鲁昭公被迫逃亡到齐国、晋国，最后在晋国乾侯去世。

说说斗鸡之变。

斗鸡的历史非常悠久。斗鸡算是赌博的一种，通常都会有赌注的。既然有赌注，就免不了有一些下三流的作弊手段。比如有将黑油漆涂在鸡翅膀的羽毛上的，有在鸡翅膀下面抹上芥末的，有在鸡爪子上面安上锋利的铜片的，有在鸡冠上涂上狐狸的油脂的，等等。

春秋时期，周天子名存实亡，整个周朝被强大的诸侯国架空，诸侯国也一样，国君权力被大夫分化，鲁国更是如此。鲁国有三个大家族，他们的祖先都是鲁桓公的儿子，因此被称为"三桓"，他们分别是孟孙氏、叔孙氏、季孙氏。三桓在鲁国把持朝政，鲁国国君都要看"三桓"的脸色。"三桓"中，季孙氏实力最强。鲁昭公时，季平子为季孙氏族长，且担任鲁国正卿。季平子喜欢斗鸡，经常与另一个鲁国贵族郈昭伯比赛，两个人都常使用作弊手段。但这次季平子没斗过郈昭伯，竟然扬言第二天早朝时当着文武百官杀死郈昭伯。没料到，还没等到第二天，就在当天深夜，郈昭伯趁机鼓动鲁昭公攻打季平子，并联合其他对季平子不满的贵族出兵包围季平子。季平子平日大权独揽，专横霸道，飞扬跋扈，鲁昭公本来早就想铲除他，只是没有合适的机会。这次机会来了，鲁昭公绝不放过。季平子处于劣势，向鲁昭公求和。季平子提出割让封地，鲁昭公不答应。季平子又提出把自己囚禁起来，鲁昭公还不答应。季平子最后请求给自己五辆车，从此流亡国外，不再回鲁国，鲁昭公还是不答应，就是想要置季平子于死地。鲁昭公这种斩草除根的态度，让孟孙氏叔孙氏感到了危机。他们认为，"一荣俱荣，一损俱损"，若季平子失了势，他们两家也会从此垮掉，于是就联合起来帮助季平子。郈昭伯当场被斩为两段，鲁昭公吓得面如土色，在随从的护卫下，亡命国外去了。

孔子的感恩

或曰："以德报怨，何如？"子曰："何以报德？以直报怨，以德报德。"（《宪问》）

> 译文

有人说:"拿恩惠来回报怨恨,怎么样?"孔子道:"拿什么来回报恩惠呢?拿公平正直来回报怨恨,拿恩惠来回报恩惠。"

中国人向来主张"以直报怨",看来和孔子有很大关系。别人对我们好,我们当然也要对别人好,这于情于理都能说得过去。

鲁昭公对孔子好,孔子铭记在心,并怀感恩之心,主要体现在以下几件事上。

一是昭公出逃齐国后,孔子曾一度追随。

二是孔子为尊者讳,在陈司败面前维护昭公。

三是将鲁昭公坟墓与已故鲁国君主坟墓合在一起。

鲁昭公生前被季平子赶出鲁国,后来死在晋国。灵柩运回鲁国后,季平子因私人恩怨,没有把鲁昭公和历代鲁国国君葬在一起,借此来贬低鲁昭公。

孔子在担任司空一职时,根据周礼要求,重新规划了鲁国王室的墓地。孔子这样做,是为了让昭公墓地归在鲁国王室里面。若昭公九泉有知的话,一定会感激孔子的。

鲁定公篇

斗鸡事变后,鲁昭公流亡国外。三桓拥立他的弟弟继位,为鲁定公。

定公问:"君使臣,臣事君,如之何?"孔子对曰:"君使臣以礼,臣事君以忠。"(《八佾》)

> 译文

鲁定公问:"君主使用臣子,臣子服侍君主,各应该怎么样?"孔子回答说:"君主用臣须按照礼,臣服事君主须尽忠尽职。"

二、君臣篇

定公的无奈

  前面讲过鲁国的国情。春秋战国时代是一个礼崩乐坏的时代，诸侯们完全架空了天子的权利。在诸侯国内部，大夫又架空了国君的权利。到后来，大夫的权利也被自家的家臣架空。再后来，这些家臣们通过控制自己的大夫间接控制了国君的权利。这种现象历史上称为"陪臣执国命"。鲁国就是当时的典型代表，国君没有权利，而被他们的大夫或家臣控制。对此，鲁定公深有感触。他亲眼目睹了昭公被三桓赶出鲁国的闹剧，也亲身经历过阳虎背叛的事件。他很感慨，他不知道君臣应该如何相处？

  孔子的回答很坚决，也很有高度。国君应以礼待臣，臣子应以忠事君。孔子的回答直指要害，他委婉地道出了问题的症结所在。国君对大夫而言是君，但对天子来说是臣。那么问题来了，国君们能做到以忠事天子吗？显然没有！鲁国是这样的，其他诸侯国的国君也是这样的。孔子的回答，没有局限于鲁国，而是针对整个天下，这就是圣人的格局与智慧。

提供了大舞台

其后定公以孔子为中都宰，一年，四方皆则之。由中都宰为司空，由司空为大司寇。

定公十四年，孔子年五十六，由大司寇行摄相事。（《史记》）

[译文]

  后来鲁定公任命孔子做中都（在今山东汶上县）地方的宰官，一年就很有政绩，四方的官吏都学着他做。孔子由中都宰升任做司空，又由司空升任了大司寇。

  鲁定公十四年，孔子五十六岁，这时他以大司寇的职位参与国家大事。

鲁定公时期，鲁国的内政外交存在着不少棘手问题。

一是如何处理好与自家大夫、家臣的关系。阳虎作为季氏家臣，不但囚禁季氏、谋杀季氏，甚至还明目张胆地使用武力夺取国君权力。阳虎事变虽然失败，但余党仍伺机反扑，鲁国当政者束手无策。

二是如何处理好国际关系。齐晋两国都是大国，鲁国一直在夹缝中生存。如何平衡与两国的关系，也是鲁国的外交难题。

于是，当政者不约而同地想到了一个人，那就是孔子。

孔子的名声早已远扬，鲁定公非常清楚昭公时期孔子的所作所为。他知道，孔子是主张维护君权的。他很希望能通过孔子制衡三桓的权力。

当时鲁国的正卿是季桓子。季桓子刚登上相位就遭遇阳虎事变，几乎丢掉了性命。虎口余生的季桓子也急需物色贤能，急需一个能驾驭家臣们的帮手。他也想到了孔子。一方面，孔子年轻时在季氏家做过乘田和委吏，孔子的表现给他们留下了深刻的印象，三桓中的孟懿子还是孔子的学生。另一方面，孔子还曾拒绝阳虎和公山弗扰的征召，其坚定的政治立场也颇得季氏的好感。

当季氏将这一想法汇报给定公后，定公欣然接受。于是先委任孔子为中都宰。中都离曲阜90里地，是鲁国西北部的一个城邑。

一年后，中都发生了翻天覆地的变化，来这里参观的人络绎不绝，学习孔子的治理经验。

鲁定公很满意，对孔子说："学习您的施政方法来治理鲁国，你看怎么样？"孔子回答说："即使是天下也会治理好，岂止是治理好鲁国呢？"两年后，鲁定公任命孔子为司空。不久又升孔子为大司寇，是鲁国最高司法长官。史书中记载，孔子担任司寇期间，"设法而不用，无奸民"，是说孔子虽然设立了法律，但由于社会秩序良好，社会上没有犯法的奸民，法律也就派不上用场了。

可以说，定公时期是孔子政治生涯中最辉煌的时期。鲁定公给孔子提供了政治大舞台，孔子也没有让国君失望。他凭借自己卓越的政治才能证明了自己，并用实际行动诠释了"君子不器"的主张。

夹谷之会

子曰："诵《诗》三百，授之以政，不达；使于四方，不能专对；虽多，亦奚以为？"（《子路》）

[译文]

孔子说："熟读《诗经》三百篇，让他处理政务，却办不了；叫他出使外国，又不能独立地去交涉；即使读得再多，有什么用处呢？"

书读得多，拥有渊博的知识，这当然是件好事。但孔子非常反对那种读死书，死读书的书呆子。孔子主张学以致用，主张把学到的知识运用到实践中，让实践去检验知识。

我们要说说夹谷之会。

孔子被定公重用后，鲁国逐渐强大起来。一心想做霸主的齐景公忧心忡忡，坐立不安，唯恐鲁国强大后会危及齐国的安全，这是典型的霸权焦虑症。于是齐国提出与鲁君在夹谷会盟的请求，企图用武力劫持鲁定公，迫使鲁国无条件成为自己的附庸国。孔子以司仪的身份陪同鲁定公。临行前，孔子就提醒鲁定公，"有文事者必有武备，有武事者必有文备"。鲁国于是增派了管军事的左右司马带兵前往。会盟之中，齐国先是想以奏四方之乐的名义，让暗中武装的军士举着旗子鼓噪向前，以便在混乱中劫持鲁君。孔子见势不妙，立即登上临时筑成的盟坛土阶，一甩衣袖，厉声呵道："两国国君在此友好盟会，夷狄音乐在这里干什么？请管事的赶快撤下去。"齐景公心知失礼，只好挥手撤退乐队。没过多久，齐国官员又拼凑一批倡优和侏儒上前戏耍逗乐。孔子又一次快步登上台阶，大声斥责："卑贱的人敢戏弄诸侯国君，罪当斩。"于是侏儒小丑被斩杀了，手足被砍断了。齐景公心中恐慌，脸上露出惭愧的神色。双方最后缔订盟约，齐国仍仗侍其国力，要求齐国出征时，鲁国必须派 300 辆兵车从征。孔子考虑到当时齐强鲁弱的客观形势，难以完全拒绝齐国的要求，于是当即提出了自己的条件。鲁国可以派兵车跟随，但齐国必须首先归还过去所侵占鲁国的土地。齐景公很为难，但既然是友好会盟，自然也应当彼此满足对方的要求，于是答应把侵占的土地归还鲁国。

夹谷之会，孔子据理力争，随机应变，以弱胜强，维护了国格，收复了失地，挫败了齐国的阴谋，取得了外交上的重大胜利，进一步提高了鲁国在诸侯中的地位。

怎样学习才是最有效的，怎样去读书才是最有用的，孔子用自身行动告诉了我们。

堕三都

子曰："觚不觚，觚哉！觚哉！"（《雍也》）

译文

孔子说："觚不像个觚，这是觚吗！这是觚吗！"

觚是一种酒器，能够盛两升酒。如果是盛三升酒就不叫觚，叫觯，盛四升酒叫角。如果这个酒器没有了觚的形制，不符合盛两升酒的这个要求，就不能叫觚了。

孔子说这个话，当然是有寓意的。程子曰："举一器，而天下之物莫不皆然。"孔子举出这么一个酒器，来比喻天下万物皆是如此。

程子说："故君而失其君之道，则为不君，臣而失其臣之职，则为虚位。"那么套用孔子的话，我们就可以说："君不君，君哉！君哉！"

春秋时期确实如此，君不君，臣不臣，父不父，子不子，五伦都完全被扭曲了。尤其是鲁国，鲁君有名无实，只是虚位，三桓专政，掌握实权，而三桓又被他们各自的家臣控制。

如何改变这种局面呢？孔子做了认真的思考，最后得出答案：强公室,抑三卿。强公室就是要树立国君的绝对权威,抑三卿就是要削弱三桓的实力,要他们严守臣道。

但如何操作呢?孔子分析了鲁国各方面的力量,他抓住了三桓与各自家臣之间的矛盾,决定从这里下手。

在古代分封制度下,各诸侯国的卿大夫都有自己的封地,称为"邑",或称"采邑"。这些卿大夫连同他们的家属都住在都城,把采邑委派给家臣管理。在他们的采邑里建立了私人武装,兴建了城堡,有的城堡还发展成为规模很大的军事要塞。三桓经营他们的采邑,本来是为了加强自己的实力,但结果却搬起石头砸了自己的脚,未受其益,反受其害。一些野心勃勃的家臣往往利用此发动叛变,三桓们苦恼不已。

根据三桓与各自家臣间的这种尖锐矛盾,孔子制定了"堕三都"的计划。"堕"是拆毁的意思,"三都"指季孙氏、叔孙氏、孟孙氏各自家臣们所盘踞的三座城堡:季孙氏的费邑、叔孙氏的郈邑、孟孙氏的成邑。堕三都就是要拆毁被三桓家臣盘踞的这三座城堡。孔子计划以"贬家臣"为名,行"强公室""抑三卿"之实。

这个计划首先得到鲁定公的支持。而三桓中季孙氏、叔孙氏正急于消除叛逆的家臣,因此也积极配合这一行动。

叔孙氏首先拆除了自己的城堡。季孙氏的费邑,被叛臣公山拂扰占据着,他以武力相对抗。孔子立即组织兵力反击,一战而胜,公山拂扰败逃,费邑的城堡也被拆除。最后一步是孟孙氏的城邑。由于孟孙氏暗中抵制,其家臣也抗命不拆,堕三都的计划没能全部完成。

定公的兴邦梦

定公问:"一言而可以兴邦,有诸?"孔子对曰:"言不可以若是其几也。人之言曰:'为君难,为臣不易。'如知为君之难也,不几乎一言而兴邦乎?"曰:"一言而丧邦,有诸?"孔子对曰:"言不可以若是其几也。

人之言曰：'予无乐乎为君，唯其言而莫予违也。'如其善而莫之违也，不亦善乎？如不善而莫之违也，不几乎一言而丧邦乎？"（《子路》）

译文

鲁定公问孔子："一句话就可以使国家兴盛，有这样的话吗？"孔子回答说："不可能有这样的话，也许有类似的话。有人说：'为君难，为臣不易。'如果明白了君主之所以难当的道理，不就差不多相当于一言而兴邦了吗？"鲁定公又问："一句话可以使国家衰败亡国，有这样的话吗？"孔子回答说："不可能有这样的话，也许有类似的话。有人说：'我做国君没有什么可高兴的，所高兴的只是我说什么话都没有人敢违抗。'如果说的话正确而没有人反对，不也很好吗？如果说的话不对却没人反对，不就差不多相当于一言而丧邦吗？"

鲁定公作为一国之君，他有兴邦的政治梦想，但面对三桓的专权和齐国的威胁时，鲁定公又露出他智慧浅且能力弱的一面。他虽有兴邦梦想，但没有与之相匹配的坚韧不拔的意志，却想要探求一下有没有"一言兴邦""一言丧邦"的捷径，这恰恰说明了他想一劳永逸，缺乏百折不挠的品格。

孔子讲这些话都是在提醒鲁定公，作为一个国君、一个领导人，要知道为政之难，要用敬慎的心态对待自己的工作。而且要去骄纳谏，不能自以为是，要懂得采纳别人的意见。

当然，孔子善教。鲁定公一问他，他马上就抓住机会，教导鲁定公，而且教导得很有艺术性，因为鲁定公是君，孔子是臣，对鲁定公讲话的方式要很委婉。

从此君王不早朝

齐国一直担心鲁国强大，想方设法搞垮鲁国。先是夹谷会盟，结果齐国丢尽了脸面。

二、君臣篇

现在机会又来了,他们发现了孔子与三桓之间的裂痕。

堕三都的失败,对孔子是一个致命的打击。孔子提出计划之初,三桓被各自家臣所苦。为了对付家臣,加强自身的力量,他们都赞成这个计划。但是在这一过程中,他们慢慢醒悟过来,孔子的目的是强公室抑三卿,这和他们的弱公室强三卿的想法是背道而驰的,三桓对孔子越来越不信任了。齐国决定利用这一裂痕离间鲁国君臣关系,尤其是孔子与三桓的关系,于是就实行了美人计。

齐国君臣摸清了鲁定公和季桓子都是喜好声色犬马之辈,于是投其所好,送来80个美女,30辆华丽的马车。他们知道,孔子守礼,必然要进行劝阻。堕三都已使他们之间出现裂痕,赠送美女与良马可以说是火上浇油。

果然,自此以后,鲁定公和季桓子沉湎于酒色。孔子为公务去见他们时,鲁定公总不想见他,季桓子老是推辞。

孔子心事重重,满肚子焦虑,无处可诉。定公和季桓子的表现让孔子非常失望,"离开鲁国吧!"弟子们不止一次劝说孔子。

但孔子还没有完全绝望,因为郊祭的日子快要到了。按照常规,祭祀用的膰肉要分给各位大臣分享,孔子在等待那一天的到来。

郊祭那天,孔子作为鲁国三号人物全程参与了活动。可是这次活动进行得简单草率,简直不成体统,不等礼仪完毕,鲁定公和季桓子便先行返回,与齐国赠送的美女寻欢作乐去了。孔子看在眼里,气在心里,但他仍然在等待着应该分给他的膰肉。其实他等的不是肉,而是国君的回心转意。

膰肉本应在朝廷中由国君亲自隆重地分给大臣,可是鲁定公和季桓子都很"忙"。

孔子苦苦等待,膰肉最终没有等到,却等到了一个寂寞。

孔子知道自己在鲁国已经难以实现政治抱负,再留下来空食俸禄没有任何意义，于是怀着沉痛的心情，带着自己的弟子离开了父母之邦，开始了长达14年之久的周游列国之旅。

鲁哀公篇

怎一个"哀"字了得

陈成子弑简公，孔子沐浴而朝，告于哀公曰："陈恒弑其君，请讨之。"公曰："告夫三子。"孔子曰："以吾从大夫之后，不敢不告也，君曰'告夫三子'者！"之三子告，不可。孔子曰："以吾从大夫之后，不敢不告也。"（《宪问》）

译文

陈成子杀了齐简公，孔子在家斋戒沐浴后去朝见鲁哀公，告诉哀公说："陈恒杀了他的君主，请出兵讨伐他。"哀公说："你去向季孙、仲孙、孟孙三人报告吧！"孔子退朝后说："因为我曾经做过大夫，不敢不来报告。可君主却对我说'去向那三人报告'。"孔子到季孙、叔孙、孟孙三人那里去报告，他们不同意讨伐。孔子说："因为我曾经做过大夫，不敢不报告。"

鲁定公去世后，哀公继位。此时孔子及弟子还在周游列国。后来，鲁哀公和季康子把孔子迎接回来，在冉求篇中有详细讲解。

孔子归鲁后，哀公及季康子非常尊重他，尊孔子为"国老"。虽不委以重任，但常常咨询一些重要问题。

这则对话就发生在这时。

陈成子弑简公，是当时国际大事。一个国家的大臣竟然把自己的国君杀掉了，这是春秋乱象的缩影。从"弑"字可看出，孔子及弟子显然痛恨这种以下犯上的行为。

此时的哀公与定公、昭公一样，有名无实，权力被大夫架空。孔子此时的请讨，固然是为了尊君，但更是为了警醒哀公。他想通过此事提醒哀公，如果任由三桓发展下去，迟早有一天，他们会做出以下犯上的事来。但可悲的是，哀公似乎没有被警醒，三桓也越来越猖狂了。

公患三桓之侈也，欲以诸侯去之。三桓亦患公之妄也，故君臣多间。公游于陵阪，遇孟武伯于孟氏之衢，曰："请有问于子，余及死乎？"对曰："臣无由知之。"三问，卒辞不对。（《左传》）

译文

哀公担心三桓对他的威胁，想通过诸侯的力量铲除他们。三桓也担心哀公荒谬狂妄，所以君臣之间嫌隙很多。哀公在陵阪游玩，在孟氏之衢碰上了孟武伯，说："我有件事要向您请教，我能够得到善终吗？"孟武伯回答说："我无法知道。"问了三次，孟武伯始终拒绝回答。

从《左传》中的这则记载来看，此时三桓根本不把哀公放在眼里，孟武伯的态度也表明他对哀公的厌恶与无视。

果然，后来哀公欲借助越国讨伐三桓，结果失败，哀公被迫出逃国外。再后来，国人同情他，又将他迎回国内。

回国不久，卒于有山氏。

堂堂一国之君，竟活得如此憋屈，看来真是够"哀"了。

不懂得珍惜

孔子在卫，冉求言于季孙曰："国有圣人而不能用，欲以求治，是犹却步而欲求及前人，不可得已。今孔子在卫，卫将用之。己有才而以资邻国，难以言智也，请以重币迎之。"季孙以告哀公，公从之。孔子既至，舍哀公馆焉。公自阼阶，孔子宾阶，升堂立侍。（《孔子家语》）

译文

孔子在卫国，冉求对季孙氏说："国家有圣人却不能用，这样想治理好国家，就像倒着走而又想赶上前面的人一样，是不可能的。现在孔子在卫国，卫国将要任用他。我们自己有人才却去帮助邻国，难以说是明智之举，请您用丰厚的聘礼把他请回来。"季孙氏把冉求的建议禀告了鲁哀公，鲁哀公听从了这一建议。孔子回到鲁国，住在鲁哀公招待客人的馆舍里。哀公从大堂东面的台阶走上来迎接孔子，孔子从大堂西面的台阶上来觐见哀公，然后到大堂里，孔子站着陪哀公说话。

没错，是哀公及季康子迎接回了孔子，但他们从未重用孔子。

孔子去世后，鲁哀公很悲痛，亲自写悼词并亲自宣读。

哀公诔之曰："旻天不吊，不愁遗一老，俾屏余一人以在位，茕茕余在疚。呜呼哀哉！尼父，毋自律！"（《史记》）

> 译文

哀公为孔子写了一篇悼文说："上天不仁慈，不肯留下一位老人，让他抛弃了我，我一人在位，孤零零地忧思悲痛。啊，令人哀伤！尼父，再也没有人用礼法要求我了！"

鲁哀公的悲痛应该是真的，但孔子的学生却不买账。子贡说："生不能用，死而诔之，非礼也。"他认为孔子活着的时候，鲁哀公不重用他，死后才"真情流露"，又有何用？

子贡说得对。

周星驰在《大话西游》里有一段经典台词："曾经有一份真挚的爱情摆在我的面前，我没有珍惜，等到失去的时候才追悔莫及。"如果把这段话套用在哀公身上，那就是："曾经有一位圣人就在我面前，我没有珍惜，等到失去他的时候才追悔莫及。"

可惜，一切太晚了。

德不配位

哀公谥号为"哀"，有同情可怜的意思。用鲁迅的话来说就是"哀其不幸，怒其不争"。

不幸是形势所迫。

哀公在位期间，内有三桓专权，外有齐吴相逼，内政外交难以展开。

不争却是自己造成的。

他带头违礼。史书记载，他硬要将自己的宠妾立为夫人，将宠妾之子立为太子，虽遭众人反对，但他仍一意孤行，结果"国人始恶之"。

他情商太低。访越归来，在孟武伯主持的接风宴上，当众羞辱孟武伯"食言而肥"，从此与三桓关系更加紧张。

他不识时务，他曾试探孟武伯自己能否善终，结果换来了孟武伯冷漠的回答。

他无政治头脑。他幼稚地认为越国会帮助他，结果越国根本不愿帮一个失去民心的君主。

他头脑简单，《孔子家语》中有这样的记载。

公曰："善哉！非子之贤，则寡人不得闻此言也。虽然，寡人生于深宫之内，长于妇人之手，未尝知哀，未尝知忧，未尝知劳，未尝知惧，未尝知危，恐不足以行五仪之教。若何？"

孔子对曰："如君之言，已知之矣，则丘亦无所闻焉。"

公曰："非吾子，寡人无以启其心。吾子言也。"

孔子曰："君入庙，如右，登自阼阶，仰视榱桷，俯察机筵，其器皆存，而不睹其人。君以此思哀，则哀可知矣。昧爽夙兴，正其衣冠；平旦视朝，虑其危难。一物失理，乱亡之端。君以此思忧，则忧可知矣。日出听政，至于中冥，诸侯子孙，往来为宾，行礼揖让，慎其威仪。君以此思劳，则劳亦可知矣。缅然长思，出于四门，周章远望，睹亡国之墟，必将有数焉。君以此思惧，则惧可知矣。"

[译文]

哀公说："好啊！不是先生贤明，我就听不到这些言论了。虽然如此，但我从小生在深宫之内，由妇人抚养长大，不知道悲哀，不知道忧愁，不知道劳苦，不知道惧怕，不知道危险，恐不足以实行五仪之教。怎么办呢？"

孔子回答说："从您的话中可以听出，您已经明白这些道理了，我也就没什么可对您说的了。"

哀公说："要不是您，我的心智就得不到启发。您还是再说说吧！"

孔子说："您到庙中行祭祀之礼，从右边台阶走上去，抬头看到屋椽，低头看到筵席，亲人使用的器物都在，却看不到他们的身影。您因此感到哀伤，这样就知道哀伤是什么了。天还没亮就起床，衣帽穿戴整齐，清晨到朝堂听政，考虑国家是否会有危难。一件事处理不当，往往会成为国家混乱灭亡的开端。国君以此来忧虑国事，什么是忧愁也就知道了。太阳出来就处理国家大事，直至午后，接待各国诸侯及子孙，还有宾客往来，行礼揖让，谨慎地按照礼法显示自己的威严仪态。国君因此思考什么是辛劳，那么什么是辛劳也就知道了。缅怀远古，走出都门，周游浏览，向远眺望，看到那些亡国的废墟，可见灭亡之国不止一个。国君因此感到惧怕，那什么是惧怕也就知道了。"

可以看出，蜜罐中成长起来的哀公，根本不具备成为一名合格君主的素质。

《周易·系辞》中有言："德薄而位尊，知小而谋大，力小而任重，鲜不及矣。"说的就是哀公这种人。

季平子篇

孔子谓季氏："八佾舞于庭，是可忍也，孰不可忍也？"（《八佾》）

译文

孔子谈到季孙氏说："他用天子才能用的八佾在庭院中奏乐舞蹈，这样的事都狠心做得出来，还有什么事不能狠心做出来呢？"

二、君臣篇

一般认为，这里的季氏指的是季平子。季平子是鲁国大夫，三桓之一，鲁国正卿。

孔子曾在季氏家做过乘田和委吏，一般认为也是在季平子家。孔子表现出色，深受季氏的赏识。

《史记》中记载：

"孔子贫且贱。及长，尝为季氏史，料量平；尝为司职吏而畜蕃息。"

译文

孔子家境贫寒，又地位低下。等到长大成人，曾经做过季氏手下的官吏，管理统计准确无误；又曾做过司职的小吏，使牧养的牲畜繁殖增多。

季平子曾举行过"飨士"之宴，孔子打算参加，却被阳虎拒绝。

季平子飞扬跋扈，目中无人，家臣南蒯因对他这种做派不满而发起叛乱，结果失败。

季平子不守礼法。竟然在自家庭院中用天子才能用的八佾舞。八佾舞是周天子举行祭典时的舞蹈，舞蹈人数共64人，排成8行，每行8人。由于鲁国是周公的封地，周公当年帮助武王平定天下，武王去世后，又辅佐年幼的成王，对周王朝有特殊的贡献，为了报答周公的恩德，成王特许鲁国祭祀时可以破格使用八佾舞。除此之外，按周礼规定，诸侯都只能用六佾舞，人数是48人。大夫用四佾舞，人数是32人。士用二佾舞，人数是16人。人数超过规定，就是僭礼。

孔子对季平子的这种做法做出了严厉的批评。

果然，后来发生了斗鸡之变，季平子将鲁昭公逐出鲁国。

季桓子篇

齐人归女乐，季桓子受之，三日不朝，孔子行。（《微子》）

译文

齐国人赠送鲁国一批歌女乐师，季桓子接受了，好几天不上朝，孔子就离开了鲁国。

桓子喟然叹曰："夫子罪我以群婢故也夫！"（《史记》）

译文

季桓子喟然长叹说："夫子因为那群女乐的缘故怪罪我啊！"

季平子去世后，其子季桓子继位。继位之初，阳虎就发动叛乱，先是囚禁季桓子，后来又谋杀季桓子。幸亏有车夫的帮助，季桓子才虎口脱险。

季桓子时期，国君为鲁定公。也是在这一时期，孔子充分施展自己的政治才能，从中都宰一直升到大司寇，并摄行相事。曾陪同鲁定公参加夹谷之会，并亲自主持堕三都的军事行动。

也就是在这一时期，鲁国逐渐强大起来，这引起了齐国的恐慌。齐国先是提出夹谷之会，企图武力劫持鲁定公。后来又用美人计，离间孔子和大夫们的关系，果然得逞了。

孔子及弟子们将要离开自己的祖国。

师生们走走停停，学生们埋怨走得太慢了。孔子说："我走得慢是因为要离别父母之邦的缘故啊！"或许，孔子还抱有一丝的希望，说不定季桓子和鲁君能回心转意。

他们来到一个叫"屯"的地方，孔子又让弟子们停下来住宿。

他们没有等到季桓子，更没有等到鲁定公，只是等到了一位乐官师己。师己是奉季桓子之命来送孔子的。

师己说："你不能走啊，你没有过错啊！"

孔子默然不语。过了一会儿，孔子说："我给你唱首歌吧！"歌曰："彼妇之口，可以出走；彼妇之谒，可以死败。盖优哉游哉，维以卒岁！"（"那妇人的口啊，可以让人出走；那妇人的话啊，可以叫人身死名败。悠闲自在啊，聊以消磨时光！"）

师己返回鲁国，如实向季桓子汇报。季桓子惭愧地说："夫子因为那群女乐的缘故怪罪我啊！"

孔子恋恋不舍地离开了鲁国。孔子有一颗拳拳爱国之心，父母之邦不能理解；孔子有超人的学识才干，父母之邦不能重用。尽管如此，他还是不忍心离去。他留恋故国的山山水水，那里有他的妻子儿女，有他的学生，有他的杏坛，有他的业绩和理想……

季康子篇

季康子患盗，问于孔子。孔子对曰："苟子之不欲，虽赏之不窃。"（《颜渊》）

译文

季康子担忧盗窃，向孔子求教。孔子答道："假若您不贪求太多的财货，就是奖励偷抢，他们也不会干。"

季桓子去世后，其子季康子继位。季康子，即季孙肥，春秋时期鲁国的正卿。姬姓，季氏，名肥。谥康，史称"季康子"。传说他是谋杀了嫡子而继位的。

《左传》中记载，季康子的父亲季桓子临终前对一个姓"正"名"常"的心腹大臣说："老正啊，我死了，你不用跟来（殉葬），你告诉国君，如果我正在怀孕的妻子生的是儿子，就立他为家主，如果生的是女儿，就让儿子季肥当家主吧。"

季桓子死后，他妻子生了个男孩，正常高兴地抱着孩子跑去找哀公，当时季肥也在场，听到正常向哀公汇报季桓子遗嘱后说："既然是家父遗命，那就让我卸下季家家主的重担吧。"

随后哀公派大臣共刘去调查此事，看是不是属实。没想到，那个男婴死了。怎么死的，没人知道，正常感觉情况不妙，逃到卫国去了，季肥顺利地成为季家的家主。

季康子为正卿时，国君为鲁哀公。就是在这一时期，他们召回了周游列国的孔子。

孔子返鲁后，被尊为"国老"，鲁哀公和季康子经常咨询他一些重要问题。相比季平子季桓子，季康子在《论语》中出现的次数更多。

从季康子问患盗这则来看，可看出季康子的贪欲，也可看出孔子的善巧。

儒家讲"反求诸己"，强调在上位者应以身作则。

钱穆先生在《论语新解》中说"在上者贪欲，自求多财，下民化之，共相竞取。其有不聊生者，乃挺而为盗。"如果上位贪婪，总是想着搜刮民财，那么居于下位的，也会纷纷效仿，巧取豪夺。如果生活都无法保证，那百姓就只有铤而走险甘为盗贼了。

孟子曰："上有好者，下必有甚焉者矣。"在上位者如果有贪欲，势必要厚敛于民，老百姓不堪忍受，为了自保必将被迫为盗矣。

朱熹在《论语集注》中说得更到位："季氏窃柄，康子夺嫡，民之为盗，固其所也。盍亦反其本耶？孔子以不欲启之，其旨深矣。"季氏窃取了国君的权柄，季康子又谋杀了父亲立下的嫡子而继位家主，对权力财势的贪欲如此炽盛，连违礼僭越、杀人害命、窃国之事都能做得出，普通民众行盗窃抢劫之事也不以为耻了。你季康子为什么不反诸其身，从根本上找原因呢？孔子以自身"不欲"启发他，含义很深啊！

阳 货 篇

阳货欲见孔子，孔子不见，归孔子豚。孔子时其亡也而往拜之，遇诸涂。谓孔子曰："来，予与尔言。"曰："怀其宝而迷其邦，可谓仁乎？"曰："不可。""好从事而亟失时，可谓知乎？"曰："不可！""日月逝矣，岁不我与！"孔子曰："诺，吾将仕矣。"（《阳货》）

二、君臣篇

译文

阳货想要孔子去拜见他，孔子不去拜见，他便送给孔子一头熟了的小猪。孔子打听到他不在家时，前往他那里去回拜表谢，却在途中遇见阳货。阳货对孔子说："来！我同你说话。"孔子走过去，阳货说："一个人怀藏本领却听任国家迷乱，可以叫作仁吗？"孔子说："不可以。""喜好参与政事而屡次错失时机，可以叫作聪明吗？"孔子说："不可以。""时光很快地流逝了，岁月是不等人的。"孔子说："好吧，我将去做官了。"

阳货，季孙氏（季平子、季桓子）家臣。

季平子为国相时，阳货还算老实。季平子去世后，季桓子继位，阳货野心勃勃，目中无君，更无大夫。先是囚禁季桓子，后来通过控制季桓子控制鲁君，实际上掌握了鲁国的国政。再后来，阳货更加膨胀，竟然谋杀季桓子，但没有得逞。

阳货叛乱失败后，先是逃到齐国，齐国不敢用他。后来逃到晋国，受到赵鞅重用。阳货倾心辅佐赵鞅，几乎使其成为春秋霸主。

《论语》中这则记载的，正是阳货叛变前主持鲁国国政时发生的事。

阳货这时需要人才，他"盯"上了孔子。此时的孔子，声名远扬，无论是正面的还是反派的，都非常欣赏他。可孔子对阳货不感兴趣。年轻的孔子，参加季平子"飨士"宴会，结果遭到了阳货的侮辱，这使孔子终生难忘。更重要的是，他与阳货道不同，自然就不相为谋。

可是，一个就是想用他，一个就是不想来，于是发生了这精彩的一幕。

这则记录，阳货至少给我们留下了这些印象。

一是不达目的不罢休的霸气。他为了拉拢孔子，可以不计较孔子的"不见"或"时其亡"的态度，但一定要孔子给出明确的承诺。

二是善于把握人物心理。他有意选择孔子所认同的价值取向"仁"与"智"作为话题来打动孔子，说话富有煽动性和说服力。

三是语言技巧高超。步步设问，层层否定，说得孔子心服口服。

但这次见面并没有让两人走到一起。

可以这样说，阳货像幽灵一样，时时刻刻纠缠着孔子。

后来，孔子周游列国，经过匡地时，因孔子样子长得像阳货，被匡人拘留了五天。因为阳货曾经残害过匡地人，匡人误将孔子当作阳货。

那么，到底如何评价阳货呢？

在鲁国时，阳货陪臣执国命，是反面形象。在晋国时，倾心辅佐赵鞅，是正面角色。从道德方面来说，他犯上作乱，背信弃义。从政治方面来说，他有"革命的精神"，他是"治国奇才""语言大师"。

不管怎么样，阳货这个人物，把春秋诸侯政坛搅得天翻地覆，折射出那个时代的脆弱与混乱。

公山弗扰、佛肸篇

公山弗扰以费畔，召，子欲往。子路不说，曰："末之也已，何必公山氏之之也？"子曰："夫召我者，而岂徒哉？如有用我者，吾其为东周乎？"（《阳货》）

译文

公山弗扰在费邑图谋造反，召孔子，孔子准备去。子路很不高兴，说道："没有地方去便算了，为什么一定要去公山氏那里呢？"孔子道："那个召我去的人，难道是白白召我吗？假若有人用我，我将使周文王武王之道在东方复兴。"

佛肸召，子欲往。子路曰："昔者由也闻诸夫子曰：'亲于其身为不善者，君子不入也。'佛肸以中牟畔，子之往也，如之何？"子曰："然，有是言也。不曰坚乎，磨而不磷；不曰白乎，涅而不缁。吾岂匏瓜也哉？焉能系而不食？"（《阳货》）

二、君臣篇

> **译文**

佛肸召孔子，孔子打算前往。子路说："以前我听老师说过：'亲自行不善的人，君子是不会去的。'佛肸在中牟发动叛乱，您要去，这是怎么回事呢？"孔子说："是的，我有讲过这样的话。但不是说过坚硬的东西，磨也磨不损吗？不是说过洁白的东西，染也染不黑吗？我难道是只苦葫芦么？怎么能够悬挂在那里却不可食用呢？"

《论语》中孔子有多次被征召的经历。南子、阳货的征召，前文已讲，不再赘述。

公山弗扰是鲁国人，和阳货同为季氏家臣。先是和阳货囚禁了季桓子，后来和阳货发动叛乱。叛乱失败后，阳货流亡，公山弗扰继续盘踞费邑。孔子"堕三都"时，曾奋力抗拒，但最终失败，也流亡国外。

公山弗扰让人"感动"的地方是他的"爱国情操"。

"堕三都"事件之后，公山弗扰作为一名政治流亡者先逃亡到齐国，后又辗转到吴国。

鲁哀公八年，吴国计划攻打鲁国。吴王咨询和公山弗扰同时叛逃的叔孙辄，叔孙辄表示支持吴王。公山弗扰知道后批评叔孙辄："这是不合于礼的。君子离开自己的国家，不到敌国去。在鲁国没有尽到臣下的本分而又去攻打它，为吴国奔走听命，这就可以死去，有这样的委任就要避开，而且一个人离开国家，不应该因为有所怨恨而祸害乡土。"

"不以所恶废乡"，充分体现了公山不狃的"爱国情操"。作为一名政治人物，无论怎么样都不可以因为有怨恨而祸害自己的祖国。

选文中的这件事，发生在阳货流亡后，公山弗扰流亡前。此时，公山弗扰大权在握，仍然左右着鲁国的国政。他发现孔子是个人才，打算重用他。

孔子竟然打算前往。

这段记载，一直存在争议，史学家怀疑这是假的。因为他们认为，圣人孔子不会这样做的。

其实大可不必。

从小处讲，公山弗扰背叛的是大夫，不是鲁君，支持公山弗扰，不代表与鲁君对抗，甚至是对鲁君的"声援"。

再往大讲，孔子若如约赴任，也不是为了一己私利。他完全是为了天下苍生。我们知道，孔子一生都在推行自己的政治主张，但苦于无人赏识。

再往深处讲，这是孔子悲天悯人的情怀。这是孔子的仁心，只要能造福天下，即使被人误解也在所不辞。

另一则记载也基本类似。佛肸与阳货、公山弗扰是同一类人，都是家臣，都背叛了自己的主子，只不过佛肸是晋国人。

佛肸也很赏识孔子，也打算征召孔子，孔子也打算前往。

子路一如既往地反对。

让人佩服的是孔子的"辩解"。

不曰坚乎，磨而不磷？不曰白乎，涅而不缁。

孔子是说，在一个乱世当中，君子不会受这个时代污染的，弟子们大可放心。

况且，作为一名君子，不能如葫芦一般，"焉能系而不食？"

孔子急切地盼望为人所用。

这不是为了一己私利，这是一种责任，一种使命，一种积极入世的担当，这是一种大格局。

三、随笔篇

> 读《论语》，常常有感而发。因是兴之所至，故篇幅或短或长，且主题不一。

两个父亲

孔子三千弟子中，父子同为孔子学生的最出名的有两对儿，一对儿是颜回父子，一对儿是曾子父子。

颜路的无礼

颜渊死，颜路请子之车以为之椁。子曰："才不才，亦各言其子也。鲤也死，有棺而无椁。吾不徒行以为之椁。以吾从大夫之后，不可徒行也。"（《先进》）

译文

颜渊死了，他父亲颜路请求孔子卖掉车子来给颜渊买个外椁。孔子说："颜渊和孔鲤，一个有才能一个没才能，但总是自己的儿子。我的儿子鲤死了，也只有内棺，没有外椁。我不能卖掉车子步行来替他买椁。因为我也曾做过大夫，是不可以步行的。"

颜路是颜回的父亲，是孔子早期弟子，与其子颜回"各异时事孔子"。有关颜路的事迹，文献记载甚少。颜回先他而死，颜路悲痛欲绝，在操办丧礼时，请求孔子卖车为颜回买椁厚葬，但孔子拒绝了他。是因为孔子小气吗？不是的。史书中记载，孔子曾经因为帮助别人治丧，把自己拉车的两匹马卖了。

孔子之所以拒绝，是因为他认为这样做是违礼的事。

一是古礼规定，非士大夫死后不得有椁。颜回不是大夫，故而死后不能有椁。孔子这样做，是为了保护颜回的名节。颜回一生奉行克己复礼，如果孔子同意了颜路的话，反而是陷颜回于不义。

二是古礼规定，士大夫上朝不能徒步。虽然此时孔子已不是士大夫，但他是国老，还会上朝议事的，不能没有车子。孔子这样做，也是为了守礼。

让人不解的是，颜路何以提出这样一个无理的要求？为什么还要让孔子卖掉车子？难怪古德这样评论："颜路只是一个流俗知见，如何做得回的父亲。"

曾点的狂放

曾点是曾子的父亲。儿子是个大孝子，但他对儿子却很粗暴。《孔子家语》记载："曾子耘瓜，误断其根。曾晳怒，建大杖以击其背，曾子仆地而不知人久之。"

难道这就是人们常说的棍棒之下出孝子吗？

对自己儿子如此，对别人呢？《礼记》中记载，鲁国执政者季武子去世后，曾点去吊丧，但没有表现出任何悲戚之情，反而"倚其门而歌"，看来他确实是一个狂放之士。

那么，这样的人，老师上课时又会怎么样呢？

"点！尔何如？"鼓瑟希，铿尔，舍瑟而作，对曰："异乎三子者之撰。"子曰："何伤乎？亦各言其志也。"曰："莫春者，春服既

成，冠者五六人，童子六七人，浴乎沂，风乎舞雩，咏而归。"子喟然叹曰："吾与点也！"(《先进》)

译文

"曾点，你怎么样呢？"弹瑟的声音逐渐稀疏，铿的一声（指弹奏终了时最后一声高音），曾点放下瑟站了起来，回答："跟三位说的不同。"孔子说："有什么妨碍呢？不过是各自说说自己的志向啊。"曾点说："暮春三月，春天的夹衣已经穿得住了，我跟五六个成年男子，还有六七个男孩儿，在沂水中洗浴，在舞雩台上吹风，一路唱着歌回来。"孔子长叹一声说："我赞同曾点啊！"

这是曾点在听老师上课时的情景。当其他同学回答问题的时候，曾点竟然在"鼓瑟"，这是何等的潇洒啊！其实这也是曾点固有的狂放仪态。

那么孔子为何赞叹曾点呢？古人主要有两种观点。

一种观点认为，孔子此时有隐居之意，曾点所描绘的，正是道家纵情山水，超然物外的境界。联系孔子生平，一生颠沛流离，内心一度疲惫不堪，心中偶有隐居想法也很正常。况且孔子不是曾说"道不行，乘桴浮于海"吗？不是也说过"用之则行舍之则藏"吗？

二是认为曾点所言正是儒家所追求的大同盛世情景，引发了孔子的深深的共鸣。曾点所描绘的社会，人与人，人与自然和谐相处。这与孔子以前曾表达过的"老者安之，朋友信之，少者怀之"的理想何其相似！

一对连襟

连襟是姐妹丈夫的互称或合称。《论语》中孔子的女儿与孟皮的女儿为姐妹，那么她们的丈夫就互为连襟。

懂鸟语的公冶长

子谓公冶长，"可妻也。虽在缧绁之中，非其罪也。"以其子

妻之。(《公冶长》)

译文

孔子说公冶长,"可以把女儿嫁给他。他虽曾下过牢狱,但不是他的罪过。"便把自己的女儿嫁给他。

公冶长是孔子女儿的丈夫,他坐过牢,但他是被冤枉的。公冶长懂鸟语,有特异功能,但却因此坐了牢。

史书中是这样记载的。

有一天,公冶长从卫国返回鲁国,走在交界处,听到一群鸟正在相互招呼去清溪吃死人肉。他继续往前走,见一老婆婆在路边哭泣。公冶长问老婆婆为何而哭。老婆婆说:"儿子出门几天,现在还未返回,估计是死了,但不知尸体在何处?"公冶长说:"刚才我听见一群鸟说要去清溪吃死人肉,恐怕就是你的儿子呀!"老婆婆赶到清溪,果然发现了儿子的尸体。老婆婆告发了官府,主审官员问:"你怎么知道你儿子在那里?"老婆婆说:"是公冶长告诉我的。"主审官也说:"一定是公冶长害了你儿子。"于是派人将公冶长抓在监狱里。公冶长竭力为自己辩解,主审官员就是不相信,除非公冶长能证明自己真的听懂鸟语,于是公冶长在狱中等待机会。某日,一群鸟在监狱的屋檐上叽叽喳喳叫个不停,公冶长听后哈哈大笑,并对主审官员说:"刚才这些鸟在说,在不远处,有一辆牛车翻了,粮食撒了一地,这群鸟现在要去啄食。"主审官员派下人去查看,果然如公冶长所言。之后,他们发现,公冶长不但懂鸟语,甚至还懂猪的语言,于是就把公冶长给释放了。

公冶长懂鸟语的事儒家常不讲。《论语》中记载,子不语怪力乱神,对于这些奇奇怪怪的事,儒家是避而不谈的。

那么,孔子为何将女儿嫁给公冶长?一是孔子更看重人的品格,他并不认为公冶长有罪,反而认为他是一个有德之人。二是"将以大明衰世用刑之枉滥",孔子这样做,意在警示那些执政之人,不可滥用刑法,冤枉好人。

有智慧的南容

子谓南容,"邦有道,不废;邦无道,免于刑戮。"以其兄之子妻之。(《公冶长》)

译文

孔子说南容,"国家政治清明,他不被废弃;国家政治黑暗,他也不致被刑罚。"把自己的侄女嫁给他。

南容这个人是谁?一般认为他就是南宫敬叔,鲁国贵族,典型的官二代。除身份高贵外,最关键是他有智慧,孔子认为他是一个可托终身之人,因此把侄女嫁给了他。孔子哥哥去世早,因此侄女的婚事就由孔子做主。

这两则《论语》一前一后,可以看出孔子的仁慈之心。他把侄女视为己出,哥哥若地下有知,一定会非常欣慰的。

《论语》中还有一则类似的记录。

南容三复白圭,孔子以其兄之子妻之。(《先进》)

译文

南容把"白圭之玷,尚可磨也;斯言之玷,不可为也"的几句诗读了又读,孔子便把自己的侄女嫁给他。

白圭之诗出自《诗经》,意思是白玉上面的污点还可以把它磨掉,但说话不谨慎而出错却是无法挽回的。南容反复吟诵,是告诫自己说话要谨慎,说明他把此诗奉为自己行为标准,也说明他是一位言语谨慎的人,因而深得孔子赏识,决定将侄女嫁给他。

另外,儒家讲求"慎独",南容平时反复吟诵白圭,正是慎独精神之表现。有如此修养,或许才是孔子赏识的主要原因。

父子两个

孟懿子违礼

父子两个指的是孟懿子和孟武伯。

孟懿子问孝。子曰:"无违。"(《为政》)

译文

孟懿子向孔子问孝道。孔子说:"不要违背礼节。"

孟懿子是鲁国贵族,其父为孟僖子。孟僖子曾陪同鲁昭公出国,因不懂外交礼仪,君臣二人丑态百出,有损家族及鲁国的颜面,临终之时还耿耿于怀,并嘱咐两个儿子一定要拜师孔子学习礼仪。后来孟懿子继承父位,做了孟孙氏族的族长。孔子时代,鲁国政权下移,国君有名无实,政权由三家把持,孟孙氏是其中一家,孔子对此极为不满。因此当孟懿子来问孝的时候,就针对性地做出了回答:无违!提醒孟懿子不要做出违礼之事,应当把政权交给国君。

孟懿子接受老师的教导了吗?显然没有!后来孟懿子继承了父位,做了孟孙氏族的族长。当孔子实行其雄心勃勃的"堕三都"计划时,孟懿子竟然暗中反对,使孔子的计划半途而废。正因为如此,很多史料并未把他列为孔门弟子。

孟武伯食言

孟武伯问孝。子曰:"父母唯其疾之忧。"(《为政》)

译文

孟武伯向孔子请教孝道。孔子道:"让你的父母只忧虑你的疾病。"

孟武伯是孟懿子的儿子,从小就有骄奢淫逸的毛病,是一个纨绔子弟，孔子这样回答他是在委婉地劝诫他，不能有任何不义的行为。除了身体有病，不能做出任何让父母亲担心的事情，否则就是大不孝。但可悲的是，对于老师的教导，他并没有真正地落实，和他父亲一样，在鲁国飞扬跋扈，根本不把国君及同事放在眼里。

有一次，鲁哀公出访归来，孟武伯与群臣设宴迎接。饮宴期间，孟武伯取笑大臣郭重，说："你都吃了些什么，怎么越长越胖了？"鲁哀公听了十分生气，接过话头，替郭重回了一句："食言多也，能无肥乎？"其实是讽刺孟武伯言而无信。孟武伯听了面红耳赤，万分难堪。后来，孟武伯利用权势，逼迫鲁哀公流亡他国。

"食言而肥"由此而来，这也是孟武伯对中国文化的一大贡献吧！

两种风格

宓子贱鸣琴而治

子谓子贱，"君子哉若人！鲁无君子者，斯焉取斯？"（《公冶长》）

译文

孔子评论宓子贱，说："这个人是君子呀！假若鲁国没有君子，他从哪里获得这种好品德呢？"

在孔门弟子中，宓子贱是一位德行出众的贤人，尤其在政事方面卓有见识。孔子一生不轻以"君子"二字许人，用"君子"来称誉宓子贱，说明子贱具备了作为一位君子应当具备的德行才学。

子贱一生最出名的政绩是治理单父。相传他在南宫敬叔的引荐下受到鲁定公的赏识，鲁君让他去贪污残暴百姓怨声载道的单父任邑宰。临行前，鲁君告诫他到任后有关兴废大事要时时呈报，以便随时看得见他的政绩。子贱心想，单父地处鲁国边地，远离国都，要是事事呈报，则费时费力，如果鲁君再受谗言的干扰，不但使他不能行政，而且有可能耽误大

89

事，心里非常希望鲁君放手让他在单父大干一场。但初次受命，不便争辩。于是心生一计，对鲁君说："臣初次担任宰官，毫无经验，恳请指派近吏两人一同前去，以便随时指导。"定公果然委派身边近臣两人随子贱到单父上任。刚到治所，子贱就叫来属吏，秘密嘱咐他们如何行事。从到任第二天起，子贱就请两位近吏缮写公文。正当近吏执笔缮写之时，受子贱密嘱的属吏在一旁有意牵拉他们的肘，使所写公文恶劣不堪。子贱看罢公文，大发雷霆，狠狠批评两位近吏。如此前后几天，两位近吏实在无法忍受，便向子贱辞归。子贱也不挽留，近吏回去后，如实向定公汇报。定公听了，满心疑惑，左思右想，终于领悟了子贱的意思。于是再派心腹近臣前往单父，安慰子贱说："从今以后，寡人不问单父的事，你只管自己决定兴除利弊的政策。"子贱进谏成功，在单父大刀阔斧地干了起来。

子贱治理单父，得到了包括孔子在内的许多师友的帮助。

在他赶往单父的途中，遇上了好友阳昼，子贱向他请教为官之道。阳昼说："我出身低贱，不懂为官之道，只有一条钓鱼之道送给你。"他说："我经常在这边的河里钓鱼。我每次将鱼钩挂好鱼饵甩到河水里后，最迫不及待咬钩的是阳桥鱼。这种鱼肉薄，味道不佳，人们很不喜欢吃。而同一条河里的另一种鱼就不同了，它在水里游来游去，好像要咬钩，但似乎又不在意鱼饵。这种鱼叫鲂鱼，个大肉厚，味道鲜美，深得人们喜爱。"

阳昼讲到这里停住了，子贱若有所思地说："您讲得太好了，我听明白了，多谢您的指教，我一定铭记在心。"

之后，子贱辞别阳昼，赶往单父上任去了。

在子贱赴任路上，单父不少消息灵通的人士骑着高头大马，乘坐华丽的马车，赶来迎接他。子贱见状，急忙催促自己的车夫说："赶紧走，避开他们。"

来到单父，子贱依然不待见那些阿谀逢迎他的人，而对那些不显山露水的人，他却虚心向他们请教，并委以重任。

有人不理解，就问子贱："对巴结您的人您避而远之，不巴结您的人却得到您的重用,这是何故?"子贱说:"巴结人的人大多没什么真本事,他们就是阳昼所说的'阳桥鱼';而那些不巴结人的人不趋炎附势,往往有才干,能干事,是有真才实学的人才,他们就是阳昼所说的'鲂鱼'。"子贱不同寻常的作风让单父百姓对他刮目相看,并对他的治理寄予了很大的希望。

在子贱上任不久,孔子派弟子有若前往单父,希望对子贱有所帮助。有若见到了子贱,见他比以前消瘦了许多,于是将孔子的教诲转告子贱,要他治理单父讲究策略。于是子贱对政策做了调整,积极发现和任用贤良之才,充分发挥臣下的聪明才智。没过多久,就把单父治理得万民安居乐业。三年很快过去了,关于子贱的政绩,不断有人在孔子面前称道。孔子想印证一下子贱的政绩,于是专门派巫马施乔装为平民到单父实地考察。巫马施奉先生之命,身穿破旧衣服进入单父境内,沿途仔细观察,到处与人交谈。一日傍晚,经过一河边,看见一位夜渔老人,抓到鱼却仍旧放回河中。巫马施很诧异,上前问道:"你为什么把捕到的鱼又放掉呢?"老渔翁回答说:"我们邑宰明令禁止任何人捞取尚未长成的小鱼,我刚才捕到的就是一条小鱼,所以就放弃了。"巫马施对单父令行禁止的风气异常佩服。再往各地调查了几日,只见男耕女织,不见失业游民,县衙也无狱讼,心里更加佩服子贱的才德。于是回去如实报告了孔子,并说"子贱的德政达到了最高境界,那里的百姓遵守法令已经成为自觉的行为,就像随时有严刑在身边一样"。孔子听了非常高兴。

后来孔子又专程亲往单父考察,高度赞赏了子贱的所作所为,并且笑容满面地说:"你可称得上君子,你就是鲁国的君子。"

巫马期身先士卒

陈司败问昭公知礼乎,孔子曰:"知礼。"孔子退,揖巫马期而进之,曰:"吾闻君子不党,君子亦党乎?君取于吴,为同姓,谓之吴孟子。君而知礼,孰不知礼?"巫马期以告。子曰:"丘也幸,苟有过,人必知之。"

(《述而》)

巫马施亦称巫马期。巫马期在《论语》中出现了一次，他做了陈司败和孔子的传话人。陈司败的这个问题，有点刁难孔子。因为按周礼来说，鲁昭公娶了同姓之女确实违礼，而孔子这样回答，看似不实，但符合周礼——为尊者讳。

对这个问题不再深究。想说的是巫马期是宓子贱的继任者，同样也把单父治理得很好。关于两人的治理风格，《吕氏春秋》这样记载："宓子贱治单父，弹鸣琴，身不下堂而单父治。巫马期以星出，以星入，日夜不居，以身亲之，而单父亦治。"

两人治理风格明显不同，宓子贱类似无为而治，巫马期却身先士卒。两种风格，其实各有千秋。

两个老头儿

《论语》中有两个老头给我们留下了深刻的印象。一个是蘧伯玉，一个是原壤，他们都是孔子的朋友。

君子蘧伯玉

蘧伯玉使人于孔子。孔子与之坐而问焉，曰："夫子何为？"对曰："夫子欲寡其过而未能也。"使者出。子曰："使乎！使乎！"（《宪问》）

译文

蘧伯玉派使者去拜访孔子。孔子请使者坐下，然后问道："他老人家干些什么？"使者答道："他老人家想减少过错却还没能做到。"使者辞了出来。孔子道："好一位使者！好一位使者！"

蘧伯玉是卫国人。孔子周游列国14年，在卫国就待了将近10年，而在蘧伯玉家就住了9年。可以说，蘧伯玉的言行、思想和情操对孔子思想乃至儒家思想都产生了重大影响。不仅如此，蘧伯玉还开创了道家"无为而治"先声。

蘧伯玉一生最为人称道的是他"年五十而知四十九年非"的"寡过知非"精神和"不欺暗室"的处世哲学。

孔子回鲁国后,老朋友蘧伯玉十分想念他,于是派使者来拜访孔子。使者的回答博得了孔子的连声称赞。一是赞叹使者的个人修养,二是赞叹老朋友的思想境界。

"寡过"并非易事。若一个人到了无过的境界,那就成圣人了。使者的回答,让孔子知道他的老朋友蘧伯玉天天想减少自己的过失,天天都在改过自新,这是朝着"圣人"的方向前进啊!

古大德如此评论:"千古圣贤真学问真血脉,不亿使者一言点出,真奇真奇。"一位很不起眼的使者,居然把古圣先贤的心法一句话点出来,难怪孔子连声赞叹。

《论语》中,还有一则和蘧伯玉有关。

子曰:"直哉史鱼!邦有道,如矢;邦无道,如矢。君子哉蘧伯玉!邦有道,则仕;邦无道,则可卷而怀之。"(《卫灵公》)

译文

孔子说:"史鱼正直啊!国家政治清明时,他像箭一样直;国家政治黑暗,他也像箭一样直。蘧伯玉是君子啊!政治清明就出来做官,政治黑暗就可以把自己的本领收藏起来。"

"史鱼尸谏"的故事,我们都很熟悉。

春秋时期,卫国有位贤人蘧伯玉,为人正直且德才兼备,但卫灵公却不肯重用他;另一位叫弥子瑕的,作风不正派,卫灵公反而委以重任。

史鱼是卫国的一位大臣,看到这种情况,内心很是忧虑,但屡次进谏,卫灵公始终不采纳。

后来,史鱼得了重病,奄奄一息,将要去世前,将儿子唤了过来,嘱咐他说:"我在卫朝做官,却不能够进荐贤德的蘧伯玉、劝退弥子瑕,是我身为臣子却没有能够扶正君王的过失啊!生前无法正君,那么死了也无以成礼。我死后，你将我的尸体放在窗下，这样对我就算完成丧礼了。"

史鱼的儿子听了，不敢不从父命，于是在史鱼去世后，便将尸体移放在窗下。

卫灵公前来吊丧时，见到大臣史鱼的尸体竟然被放置在窗下，如此轻慢不敬，因而责问史鱼的儿子。史鱼的儿子于是将史鱼生前的遗命告诉了卫灵公。

卫灵公听后很惊愕，脸色都变了，说道："这是我的过失啊！"于是马上让史鱼的儿子将史鱼的尸体按礼仪安放妥当，回去后，便重用了蘧伯玉，接着又辞退了弥子瑕并疏远他。

这则《论语》，孔子赞美了两位卫国大臣。一位是史鱼，一位是蘧伯玉。他赞叹史鱼的正直，赞叹蘧伯玉的君子人格。"春兰秋菊，各擅其美"，孔子的赞叹得体到位。

老而不死的原壤

原壤夷俟。子曰："幼而不孙弟，长而无述焉，老而不死，是为贼。"以杖叩其胫。（《宪问》）

译文

原壤两腿像八字一样张开坐在地上，等着孔子。孔子骂道："你幼小时候不懂礼节，长大了毫无贡献，老了还不死掉，真是个害人的家伙。"说完，用手杖敲击他的小腿。

可以看出，孔子与原壤关系不一般，否则不会又骂又打的。原壤确实失礼了。"夷"是"箕踞"的意思，他坐在地上，两只脚伸开，膝盖弯了起来，就像一个畚箕一样，很难看。《弟子规》里讲"勿箕踞"，就是提醒我们坐有坐相站有站相。孔子去拜访他，他应该站起来迎接。孔子当然很生气，但毕竟是老朋友，骂了一句"老而不死"，还用拐杖敲他的腿。

史书中还记载着一件他和孔子的故事。

原壤的母亲去世了，但没钱置备棺材，于是孔子帮他置备。等棺材送到了，原壤站在棺材上说："我很久没唱歌了。"于是唱道："斑白的狸猫之首，牵着你柔软的手。"孔子装作没听见，走开了。随从的人问："先生就别管他的事了吧？"孔子道："我听说，亲人毕竟是亲人，故人就是故人。"孔子的意思是，不管这个人怎么样，该管的还是得管，毕竟是老相识。

如此看来，与其说原壤无礼，倒不如说原壤有点狂放不羁，有庄子遗风。庄子不也是鼓盆而歌吗？

《庄子》中记载，庄子的妻子死了，惠子（惠施）前往庄子家吊唁，只见庄子岔开两腿，像个簸箕似的坐在地上，一边敲打着瓦缶一边唱着歌。惠子说："你的妻子和你一起生活，生儿育女直至衰老而死，她死了你不哭泣也就算了，竟然敲着瓦缶唱歌，不觉得太过分了吗！"

庄子说："当她刚死的时候，我怎能没有感慨呢！可是我经过仔细省察以后，便明白她本来是没有生命的；不仅没有生命，而且没有形体；不仅没有形体，而且还没有气息。在若有若无之间，变而成气，气变而成形，形变而成生命，现在又变而为死。这样生来死往的变化，就好像春夏秋冬四季的运行一样，全是顺着自然之理。人家静静地安息于天地之间，而我还在哭哭啼啼，我以为这样对于性命的道理是太不通达了，所以不去哭她。"

看来，原壤确实是受道家思想影响比较深。他的无礼、他的狂放其实也是一种大境界。

评孔子的一堂课

课堂特点

我们先看原文：

子路、曾皙、冉有、公西华侍坐。子曰："以吾一日长乎尔，毋吾以也。居则曰：'不吾知也！'如或知尔，则何以哉？"子路率尔而对曰：

"千乘之国，摄乎大国之间，加之以师旅，因之以饥馑。由也为之，比及三年，可使有勇，且知方也。"夫子哂之。"求！尔何如？"对曰："方六七十，如五六十，求也为之，比及三年，可使足民。如其礼乐，以俟君子。""赤！尔何如？"对曰："非曰能之，愿学焉。宗庙之事，如会同，端章甫，愿为小相焉。""点！尔何如？"鼓瑟希，铿尔，舍瑟而作，对曰："异乎三子者之撰。"子曰："何伤乎？亦各言其志也。"曰："莫春者，春服既成，冠者五六人，童子六七人，浴乎沂，风乎舞雩，咏而归。"子喟然叹曰："吾与点也！"三子者出，曾皙后。曾皙曰："夫三子者之言何如？"子曰："亦各言其志也已矣。"曰："夫子何哂由也？"曰："为国以礼，其言不让，是故哂之。""唯求则非邦也与？""安见方六七十如五六十而非邦也者？""唯赤则非邦也与？""宗庙会同，非诸侯而何？赤也为之小，孰能为之大？"（《先进》）

译文

子路、曾点（字子皙）、冉求（字子有）、公西赤（字子华）陪孔子坐着。孔子说："因为我比你们年长一点，你们不要因为我受拘束而不说出自己的想法。你们平时就说：'人们不了解我呀！'如果有人了解你们，那你们将怎么做呢？"子路轻率匆忙地回答："有一千辆兵车的诸侯国，夹于大国之间，有军队来侵凌它，饥荒接着兵灾到来。如果我仲由治理它，等到了三年，我可以使百姓有勇气，并且懂得礼义道德。"孔子对他微微一笑。"冉求，你怎么样啊？"冉求回答："方圆六七十平方里或者方圆五六十平方里的小国，假使让我冉求来治理它，等到了三年，我可以使百姓衣食丰足。至于那礼乐教化，就要等德行高的人了。""公西赤，你怎么样呢？"公西赤回答："不是说我能做什么，愿意学习啊。诸侯祭祀的事情，或者诸侯会盟的事情，我穿上礼服，戴上礼帽，愿意做一个小司仪啊（相即傧相，是诸侯祭祀、会盟时主持赞礼及司仪的官，有等级差别，所以有大相、小相之说）。""曾点，你怎么样呢？"弹瑟的声音逐渐稀疏，铿的一声（指弹奏终了时最后一声高音），曾点放下瑟站了起来，回答："跟三位说的不同。"孔子说："有什么妨碍呢？不过是各自说说自己的志向啊。"曾点说："暮春三月，春天的夹衣已经穿得住了，我跟五六个成年男子，还有六七个男孩儿，在沂水中洗浴，在舞雩台上吹风，一路唱着歌回来。"孔子长叹一声说："我赞同曾点啊！"子路、冉求、公西赤三个人出去了，曾点后来才离开。曾点说："那三位说得怎么样？"孔子说："不过是各自说说自己的志向罢了！"曾点问："老师为什么对仲由笑呢？"孔子说："治理国家要用礼。他的话不谦让，所以我笑他。""冉求所讲的就不是治理国家的事吗？""怎么见得出方圆六七十平方里或者五六十平方里，就不是国家呢？""公西赤所说的就不是国家的事吗？""在宗庙祭祀，或者会盟，不是诸侯国又是什么呢？公西华做小相，那谁还能做大相呢！"

《侍坐章》是整部《论语》中篇幅最长的一篇。这是一堂口头交流课，话题是"我的理想"。这堂课有以下几个显著特点：

课堂是轻松的。这是孔子有意营造的。"侍坐"很有意思，老师身边围一圈学生，能想象出孔子平和之态。加上孔子平和的语言，如话家常，三言两语导入话题。这样一来，师生间少了一些严肃，多了一些轻松。果然取得实效，子路不是率尔而对吗？

课堂是民主的。孔子尊重每一位同学，学生可以充分地表达自己的观点，四位同学个性得到了充分地体现。子路莽撞，冉求务实，公西谦逊，曾皙高雅。在孔子看来，只有个性得到充分地体现，这样的教育才是成功的。

课堂是有感染力的。首先是孔子人格魅力感染了每位同学，同学们敞开心扉，说出了自己心里话。事实证明，这四位同学在各自的人生道路上都实现了自己的理想。其次，课堂活动有感染力。当其他同学正在发言的时候，曾皙却在一旁鼓瑟。多么有诗意啊，精彩的发言配以优美的旋律，这样的课堂能不令人陶醉吗？

课堂以学生为主体，教师为主导。整堂课学生说得多，老师只是引导与点拨。课堂有点评，有质疑，有鼓励，有批评。老师只要因材施教，三言两语足矣。

课堂是有境界的。有境界的课不是知识的传授，而是思想的提升。孔子与曾点不仅激起了四位学生心灵的涟漪，更引发了后人对孔子的膜拜。孔子与曾点深层意蕴是什么，值得后人玩味。

课堂理念

在我看来，这是一堂高效课。高效课堂核心理念就是"以学生为主体"。这是一种先进的理念，是一种重视"人"的教育理念。当今论者，言理论必称西方，其实我们的老祖宗早在几千年就已明确提出。作为群经之首的《易经》，其第四卦《蒙卦》就是专讲教育的。卦辞中的"匪我求童蒙，童蒙求我"，其实就是谈学生的主体性问题。

个人认为，《论语》就是一部高效课堂实录。一则因为其"不愤不启，不悱不发"的教学原则。这就要求课堂上教师不要多讲，紧要之处点拨几句即可。整部《论语》，孔子的话言简意赅却意味深长。再则孔子教育的终极目标就是让学生成为一个真正的人。孔子弟子三千，贤者七十有二。众多弟子除学问高深之外，都具备在社会上立足的强大本领。

有现代学者指出，孔子伟大教育思想源于他深刻的哲学思想，而孔子其核心思想就是"仁"。什么是"仁"？孔子曰："夫仁者，己欲立而立人，己欲达而达人。"对此，张岱年先生做过精到的解释。他说，"立"就是一个人站起来，有独立的意志，独立的人格。"己欲立而立人"，就是自己要立起来，有独立的意志，独立的人格，同时也帮助别人立起来，让他们有独立的意志，独立的人格。"达"，就是发展。孔子一方面要求人都要立，同时要求每个个人都要达，即有所发展。高效课堂提倡的自主合作探究不就是"立"与"达"吗？难怪有人说："如果人类要在21世纪生存下去，必须回到两千五百年前，去汲取孔子的智慧。"

课堂反思

高效课堂不是全新的事物。几千年之前的孔子能够有这样的理念确实值得当代教育人反思。《论语》是一部儒家经典，它为我们提供了丰富的思想资源。作为教育者，应该深入挖掘其内涵，真正地理解至圣先师的思想精髓。

坏人一个

子曰："天生德于予，桓魋其如予何？"（《述而》）

译文

孔子说："天在我身上生了这样的品德，那桓魋将把我怎样？"

这事发生在孔子周游列国到了宋国期间。当时，孔子正指导弟子在一棵大树下习礼。突然，宋国司马桓魋带兵过来，要砍倒大树，想杀害孔子。弟子们要跟他作战，孔子连忙制止，并改穿普通衣服，带领弟子们迅速离开。弟子们有的很紧张，孔子却很泰然，安慰弟子道："我的品德是上天所赋予的，桓魋能把我怎样呢！"

桓魋是何许人呢？

桓魋为宋国主管军事的行政长官——司马，深受宋国君主宋景公的宠爱。桓魋兄弟五个，在宋国都是令人仰慕的。老大向巢任宋国左师，名义上的军队统帅。老二桓魋为司马，拥有兵马实权。老三子牛身为贵族，是孔子的学生，且在宋国有自己的封地。老四子顾、老五子车都跟着老二做事。

然而，后来兄弟五个却纷纷出逃，如鸟兽散。究其原因，全在桓魋身上。

桓魋作为宋国司马，威名显赫，但他却没有珍惜自己的权势和荣誉，反而急剧膨胀，最终酿成了大祸。

桓魋叛变逃亡到卫国，哥哥向巢担心受牵连，也逃到鲁国。弟弟司马牛去了齐国，子颀和子车也逃到了国外。

那么，桓魋又为何有加害孔子的想法呢？

原来，孔子及弟子一行人来到宋国后，桓魋担心孔子有可能取代自己。因为不管是孔子，还是孔子的弟子，其才华远在自己之上。再加上孔子本是宋国后裔，不仅有宋国贵族血统，而且在诸侯国中声名赫赫，影响很大。一旦宋景公重用他们，将会对桓氏兄弟构成巨大威胁。并且，在这之前，孔子曾骂过桓魋。因为桓魋曾让人给自己造一口石头棺材，三年还未完工。孔子对这种违背周礼、浪费人力物力的行为非常痛恨，骂道："如此浪费，死了倒不如快些烂掉。"桓魋早已对孔子怀恨在心，早就有了加害孔子的想法。这次，可是他们主动送上门，于是就发生了上面的一幕。

对于这件事，《史记》中也有记录。

孔子去曹适宋，与弟子习礼大树下。宋司马桓魋欲杀孔子，拔其树。孔子去。弟子曰："可以速矣。"孔子曰："天生德于予，桓魋其如予何！"

对于这一则，古人评价也很精彩。

李炳南评说："圣人处变，既知自有其德而无忧。"

这是说孔子的心态。面对威胁，孔子相当自信。他认为，自己怀仁行德，自有上天护佑，坏人对自己是无可奈何的。他相信，仁者无畏。所谓仁者，是具有博大情怀的善者，他们有着崇高的美德，悲天悯人，泛爱大众。这样的人，所到之处，遇到危险时，会有很多人不惜一切代价保护他们。孔子不仅是仁者，也是智者。他深明此理，所以面对一切艰险都无所畏惧。

孔子这样说，也可以看出他的使命感。他认为，上天既然让他来一遭，是要他为苦难众生做航灯，为颠倒的迷惑众生指清方向，使万古长夜有一盏明灯。自己的使命还未完成，司马桓魋能把他怎么样呢？

"却又微服而过宋，妙！妙！"这是李卓吾的评说。

第一个妙，赞叹孔子的泰然心境。第二个妙，赞叹孔子的权变。这是孔子的示现，他教导我们如何与坏人交往。"微服而过宋"，巧妙脱险。孔子的仁慈，孔子的智慧，令人景仰！

唯一的儿子

陈亢问于伯鱼曰："子亦有异闻乎？"对曰："未也。尝独立，鲤趋而过庭。曰：'学诗乎？'对曰：'未也。''不学诗，无以言。'鲤退而学诗。他日，又独立，鲤趋而过庭。曰：'学礼乎？'对曰：'未也。''不学礼，无以立。'鲤退而学礼。闻斯二者。"陈亢退而喜曰："问一得三，闻诗，闻礼，又闻君子之远其子也。"（《季氏》）

译文

陈亢向伯鱼问道："你在老师那里有得到与众不同的教诲吗？"伯鱼回答说："没有。他曾经独自站在那里，我快步走过庭中。他说：'学《诗》了吗？'我回答说：'没有。'他说：'不学《诗》就不会应对说话。'我退回后就学《诗》。另一天，他又独自一人站着，我快步走过庭中。他说：'学《礼》了吗？'我回答说：'没有。'他说：'不学《礼》，就没法立足于社会。'我退回后就学《礼》。我只听到过这两次教诲。"陈亢回去后高兴地说："问一件事，知道了三件事，知道要学《诗》，知道要学《礼》，又知道君子不偏私自己的儿子。"

伯鱼即孔鲤，孔子唯一的儿子。因出生时鲁昭公赐孔子一条鲤鱼，故孔子为其取名鲤，字伯鱼。

伯鱼很普通，《论语》中出现的次数少之又少，其才华也远不及孔子其他弟子。

伯鱼先孔子而死。孔子痛不欲生，但仍按周礼埋葬了他：有棺无椁。

但伯鱼的儿子了不得，他是子思。子思是个大学问家，作《中庸》一书，为儒家重要经典。其学问由弟子的弟子传给孟子，形成思孟学派。

这则《论语》中还出现了陈亢。有人怀疑他不是孔子的学生，否则不会问出这样的问题。

伯鱼的回答不但打消了他的疑虑，同时还让他明白了两个道理。

一是学《诗》的作用。古人学《诗》的目的之一是交流，尤其在外交场合。读到这里，我们初步了解到了孔子的文学观。

二是学礼的作用。"礼"是儒学的重要概念，本文不作深度探讨。从最浅处讲，礼是礼节，是人在社会上立足的基础。人与人如此，国与国更是如此，一旦不讲礼，便会失信于天下。

可怜的孺悲

孺悲欲见孔子，孔子辞以疾。将命者出户，取瑟而歌，使之闻之。（《阳货》）

译文

孺悲想拜见孔子，孔子以生病为由拒绝了。传话的人刚出门，孔子便把瑟拿下来弹，并且唱着歌，故意使孺悲听到。

这则《论语》很有趣。

孺悲何许人也？史书中记载甚少，只知道他是鲁哀公手下一个掌管礼仪的官员。

孺悲想见孔子，孔子却不想见他，于是以生病为由拒绝了。

孔子为什么不想见他，千古之谜。

按理说，不想见他也很正常。但孺悲正要离开时，孔子又为何很反常地取瑟弹唱？明明是在暗示孺悲：我其实没病，我只是不想见你！

可爱的孔子，可怜的孺悲。

但这是孔子的一种教学智慧。他用这种方式教育孺悲，让他自己好好反省。按孟子的话来说："教亦多术矣，予不屑之教诲也者，是亦教诲之而已矣。"是啊，给你个眼神，自己去体会吧！

可怜的孺悲，不知最终醒悟没有？

倒是《礼记》有一处记载："恤由之丧，哀公使孺悲之孔子学士丧礼，士丧礼于是乎书。"这次孔子接见了他，还给他讲了"士丧礼"的有关知识，但不知这件事情是发生在拒见之前还是之后？

非常有意思的是，类似的事情，在亚圣孟子身上也发生过一次。《孟子·公孙丑下》中记载，孟子准备朝见齐王时，恰齐王派人来召见，孟子便装病而不应召，第二天却到东郭氏家去吊丧，其意是想让齐王知道，要想求教于他，则应礼贤下士，亲自登门求教。

看来，孟子是很懂孔子的。

孔子与《易》

子曰："加我数年，五十以学《易》，可以无大过矣。"（《述而》）

【译文】

孔子说："给我增加几年的寿命，让我在五十岁的时候去学习《易经》，就可以没有大过错了。"

孔子何时学《易》，学术上有争议，但孔子学《易》且精通《易》却是不争的事实。

《史记》中记载："孔子晚而喜《易》，序彖、系、象、说卦、文言。读易，韦编三绝。"可见孔子对易的喜爱程度。

那时候，纸张还没有出现，竹子成了制作书籍的主要材料。人们通常是把竹子削成一片片的竹签，把上面的青皮轻轻地刮去，用火烘干后，才在上面写字，人们称之为"竹简"。竹简拥有一定的长度与宽度，一根竹简只允许写一行字，最多写几十个，少则写八九个，一部书的完成需要许许多多的竹简。书的内容全部写到竹简上以后，还要用极为牢固的牛皮绳子将这些竹片按照一定顺序编联起来，这样就方便阅读了，这一过程就称为"韦编"。一部书的完成，常常需要几十斤甚至上百斤的竹片。如《易经》这样的书，自然是由许许多多竹简编联起来的，所以相当沉重。《易经》这部古书，是比较难读懂的，为了深入研读这部书，同时也为了方便给弟子们讲解清楚，他不知把《易经》翻阅了多少遍。这样下去，串联竹简的牛皮带子被磨断了好几次，只好换上新的再读。

史书中记载，孔子也曾给自己占卦，最出名的有两卦。一次是中年时，孔子想从政，占了一卦，得贲卦。贲，饰也。孔子认为，即使自己做官，也只能给领导当装饰品。于是放弃了这一想法，潜心研究学问。一次是周游列国之前，孔子不舍祖国，占了一卦，得旅卦。旅者，行也。于是孔子开始周游列国。

当然，孔子认为，《易经》不完全是用来占卜的，他更重视的是卦辞和爻辞所揭示的义理，因此在晚年与弟子撰写了《易传》十篇，传于后世。

学《易》的目的是什么？孔子认为，一个人学《易》之后，可以"无大过"。他认为《易》是教导人改过的。一个人把过失全改了，最后自己一点过失都没有了，真正到了无过的境界，就成圣人了，就是真正的"与天地合其德，与日月合其明，与四时合其序，与鬼神合其吉凶"。

那么，《易经》到底是什么书？我们必须承认，它首先是一部占卜书，但其内容却含藏着深邃的哲学意义。也就是说，《易经》是一部以占卜为表，以哲学为里的独具体系的哲学著作。

《易经》是群经之首。它涵盖万有，纲纪群伦，广大精微，包罗万象，是中华文明的源头。中国传统文化儒道释都能从《易经》中找到自己的影子。

《易经》代表了人类的最高智慧。儒道释追求的境界就是《易经》的境界：《易》无思也，无为也，寂然不动，感而遂通天下之故。

孔子达到了这个境界：有鄙夫问于我，空空如也。空空如也，就是无思、无为、寂然不动。

"好学"的人实在少

孔子弟子三千，贤者七十二，但真正"好学"的只有一人，当然是颜回。

哀公问："弟子孰为好学？"孔子对曰："有颜回者好学，不迁怒，不贰过，不幸短命死矣，今也则亡，未闻好学者也。"(《雍也》)

季康子问："弟子孰为好学？"孔子对曰："有颜回者好学，不幸短命死矣，今也则亡。"(《先进》)

两次的回答都是一样的。在孔子眼里，三千弟子中，只有颜回有资格被称为"好学"。

什么是好学？为了应付考试，起早摸黑？为了考公务员，题海遨游？都不是。孜孜不倦地对"道"的追求才叫好学。

"志于道"者有几人？除了颜回，还有孔子。

子曰："十室之邑，必有忠信如丘者焉，不如丘之好学也。"

看来，好学是成圣成贤的必由之路。

明代顾炎武说："夫以孔子之圣，犹须好学，今人可不勉乎？"

该醒醒了！

这种学生你见过吗？

从不主动举手发言的，如颜回。但他非常尊敬老师，人品好，学问好，是孔子的得意门生。

总是第一个举手发言的，如子路。但他总是说不在要点儿上，老师不得不多次打断。

上课总是偷偷睡觉的，如宰予。老师常常提醒他，但屡教不改。老师终于破口大骂：朽木不可雕也。

观点总是与众不同的，如子张。他与同学辩论，咄咄逼人，向老师请教，面面俱到。

记笔记最认真的，还是子张。忘拿笔记本，他就记在自己的衣服上。

感觉很自卑的，如冉雍。他有帝王之才，但出身不好，父亲品行差。

表现欲比较强的，如子贡。他回答问题爱用修辞，老希望被老师表扬。

成绩不好，但能力强的，如冉求。他脑子聪明，不爱死记硬背，但搞经济、军事不在话下。

感觉比较"笨"的，如樊迟。老师给他讲了，他还不会，不敢继续问老师，只好问同学。

感觉很有修养的，如曾子。老师提问他时，主动起立避席。

感觉很狂放的，如曾皙。老师上课时，他竟然弹琴。

老师常批评的，但不记恨老师的，如子路。他挨批评最多，但对老师最忠。

感觉很有思想的，如子夏。他喜欢引经据典，思想也比较独特，甚至有法家倾向。

说说"慎终追远"

这是曾子说的。曾子是大孝子，《孝经》的当机者。原话是"慎终追远，民德归厚矣"。

这话很有味儿。

慎终追远不是迷信，而是一种孝心与感恩心的培养。久而久之，整个社会风气就淳厚了。

感恩什么呢？感恩自己的来处！当然是自己的祖先。

清明节要祭祖，中国人的传统。

"民德归厚矣","归"字也很有味。

按佛学讲,人人本"厚",只是妄念太多,迷失了本性。

如何回"归"本性?通过孝心的培养,本性就会回"归"的。

看来,作为凡夫的我们,必须"时时勤拂拭(本性),莫使(本性)惹尘埃",否则我们将永远迷失自我,难以回"归"。

他的学生了不得

目前为止,我还没有发现在孔子的学生中,有"高分低能"的现象,只发现他们都"全面发展"。

就说学霸颜回,看似"书呆子",但对政治非常敏感,就连鲁定公对他也相当佩服,只是颜回不屑于那些事罢了。

再说政治明星。先说冉求,带兵打仗在行,但也多才多艺,连孔子都赞叹。再看子路,英勇无畏,也很有音乐修养。孔子和弟子们在匡地受困,子路弹琴而歌,轻松解围。

理科学霸应该是这样的

理科学霸应该是这样的。

如子贡。他不仅对数字敏感,也要对文字敏感。

子贡是个生意人,自然对数字相当敏感。他有经商头脑,因而富比陶朱,"家累千金",连老师孔子也非常赞赏他,曾感慨地说:"赐不受命,亿则屡中。"说的是子贡凭借对数字的敏感,猜测行情是非常准的。但子贡文采也好,《论语》中,提问题或回答问题最精彩的就数子贡了。或用比喻,或用对比,语言相当精妙。

如冉求。他不但解决问题的能力强,而且要有思想。

冉求懂经济,懂政治,懂军事,曾在鲁国二把手下工作,而且他也很有思想。

有一次，孔子师徒们来到卫国。进入边境，人口众多，感受到的是一派生机。于是冉求问老师，一个国家，人口多了应该怎么办？孔子回答说，要先让他们富起来。冉求继续问，富起来以后再怎么办？孔子回答说，要教育他们。

多么深刻的一个问题啊！几千年之后的今天，看看这个地球上，能把这两个问题解决好的国家多不多？

这就是理科学霸的样子。

他不能只对数字敏感，对文字也要敏感。他要有读书意识，要尽可能地多读书。他要有关心天下事的情怀，不能两耳不闻窗外事。

只有这样，他才称得上是学霸。不然，只能算是做题机器。

《论语》中的"灶神"

今天腊月二十三，是中国民间祭灶的日子。据说这一天，灶王爷都要上天向玉皇大帝报告这一家人的善恶，让玉皇大帝赏罚。因此这一天，中国民间尤其是北方，有很多仪式，"祭灶"只是其中之一。灶，灶王爷，也叫灶神，《论语》中提到了它。

王孙贾问曰："'与其媚于奥，宁媚于灶。'何谓也？"子曰："不然，获罪于天，无所祷也。"

奥，是一家之神主。灶，灶神，地位低于奥神，负责一家日常饮食之事。老百姓讲求实用，对他们而言，奥神尽管官大，但与他们无关，还不如灶神有用。

《论语》中这段话是什么意思呢？

孔子师徒们周游列国来到了卫国，当时的执政者是卫灵公。卫灵公有一个非常漂亮的夫人叫南子，在卫国说话也是数一数二的，她让卫灵公走东，卫灵公不敢走西。

那么这个王孙贾为什么要这样说呢？他是卫国大夫，对卫国的情况非常了解。他在提醒孔子，在卫国，与其讨好卫灵公（奥神），不如讨好南子（灶神）。其实王孙贾安的是好心，他想让孔子少走弯路。但他的境界太低了，他以为孔子是来谋个一官半职。他永远也无法理解，孔子是为弘道而来的，是为教化众生而来的。

但王孙贾也是一个官场上老油条，他不直接表达自己的观点，而是通过向孔子请教的方式来暗示孔子的。

王孙贾问曰："'与其媚于奥，宁媚于灶。'何谓也？"

何谓也？他问孔子那句话是什么意思。

"与其媚于奥，宁媚于灶。"这是在孔子那个时代流行的一个俗语，王孙贾不可能不懂，他只是明知故问啊！

看孔子是怎么说的。

子曰："不然，获罪于天，无所祷也。"

太精彩了，孔子就没有给他解释字面意思，孔子心里清清楚楚，这个老狐狸是在暗示他。

孔子只说了一句，估计王孙贾脸红了。孔子在说，我谁也不媚，谁也不祷，因为我从来没有做亏心事。再说了，如果一个人得罪了上天，祈祷谁都是没有用的。

这就是孔子的境界。这也是圣人的孤独，他的一举一动，能理解的人太少了。

我们知道，后来孔子真的见了南子，孔子的学生都不理解。他们哪里懂得老师的心思，为了能够弘道，孔子冒着被天下人误解的风险。

但孔子认为值得，因为他做的是利益众生的事！

孔子为什么"批评"颜回？

颜回是孔门高徒，孔子为什么要"批评"他呢？

《论语》可以这样读

《论语》中有这样的记载：

子曰："回也非助我者也，于吾言无所不说。"

孔子说："颜回不是对我有所助益的人，他对我讲的没有不喜欢的。"

我们重点关注这两方面：

一是颜回的"悦"，与佛学里面的"拈花一笑"相同。颜回悟性高，根性利，孔子所讲的，颜回完全能领悟，因而内心喜"悦"，类似于迦叶尊者的"笑"。《论语》中，对老师所讲能"悦"的仅颜回一人而已。

二是孔子说的"非助我"，这是从教学角度而言的。老师上课，不能满堂灌，不能填鸭式，要与学生互动。学生的问，能诱发老师的讲，很多高深的思想，往往是在学生的提问中渗透的，否则，有些东西永远没有"机会"讲出来。你发现没有，大部分的圣贤经典都是师生之间的对话录，学生问，老师答。一问一答，也许就是一部《金刚经》，一部《楞严经》……

讲到这里，我们就明白了，孔子之所以这样说，实在是因为颜回悟性太好了，境界太高了。他俩之间，心心相印，但对于大多数的"我们"，还需有人替我们提一些问题，我们也许才能学到更多的东西。

鲁迅、孔子有何相似之处

据我了解，首次把这两个人相提并论的是毛泽东。他说："鲁迅在中国的价值，据我看要算是中国的第一等圣人。孔夫子是封建社会的圣人，鲁迅则是现代中国的圣人。"从这句话看来，鲁迅与孔子确实有相似之处。表现在哪些地方呢？细细想来，不外乎以下几点。

一、他们都是孤独者。他们都不被人理解，甚至误解。孔子活着的时候，"累累若丧家之狗"。甚至死后几千年，也有人认为他是迂腐的。鲁迅也一样，活着的时候，是孤独的精神战士。去世好多年，他的作品到底该不该留在中学语文课本里还是一个很有争议的话题。

二、他们都是最先觉醒的。孔子是觉者，他明白了宇宙真相。鲁迅也是"铁屋子"中最先清醒的几个人之一。

三、他们都有唤醒众生的意愿。孔子周游列国，教化众生，被称为"天之木铎"。鲁迅一生致力于改造国民性，他要唤醒沉睡的中国人。他要画出沉默的国人的魂灵，揭出病苦，引起疗效的注意。

四、他们都有一大批青年粉丝。孔子活着的时候，弟子三千，有相当一部分都是青年。鲁迅也一样，受进化论思想的影响，鲁迅非常重视对青年的培养。

细细想来，还真有不少相似之处。

千万不要小看人

千万不要小看人。不管他看起来多么卑微，不管他多么贫穷。

孔子有一个学生，叫冉雍，他很自卑。为什么呢？他的出身不好。家里穷，父亲盗窃过别人，名声不佳，冉雍觉得自己低人一等。

孔子看在眼里，急在心里，他这样宽慰冉雍。

子谓仲弓，曰："犁牛之子骍且角，虽欲勿用，山川其舍诸？"

在孔子看来，父亲品行不好，并不代表儿女品行也不好。犁牛之子的比喻非常恰当。

事实上，冉雍不但能力强，而且人品非常好，孔子对他非常满意，说他有帝王之才。

在孔门弟子中，能得到孔子这样评价的确实不容易。

孔子是圣人，有仁慈心肠。

我们是凡人，更不能小看别人。

好学生的标准

好学生有怎样的标准？思来想去，还是按孔子的标准来说吧。孔子把他的好学生分为四类：德行科、言语科、政事科、文学科。

仔细研究，这四种分类以及先后顺序大有深意。好学生最起码的标准，首先是品德好。先成人，后成才，说的就是这个道理。其次是语言表达好。语言组织能力强，敢于发言，语言表达得体，这样的学生老师很喜欢。当然，语言表达好是建立在品德好的基础之上，否则就是巧言令色、夸夸其谈，是人们讨厌的。再次是能力强。作为学生，谈不上搞政治。但你的学习能力，你的社交能力，你与同学和老师的相处能力，就类似于"政事"。有的同学，品德很好，但不善于交往，走上社会会吃亏的。最后要学习成绩好，这是必需的，作为学生，成绩很关键。孔门四科的文学科，就是指知识非常渊博的一类学生。

孔子是一位大教育家。他之所以这样划分，一定有极其深刻的原因。几千年之后的我们，读到这里，一定要深入地思考，细细品味。

子路是大侠

说子路是大侠一点也不为过。"子路无宿诺"，《论语》上说。子路说话算数，一是一，二是二，说到做到，绝不拐弯抹角。"愿车马衣轻裘，与朋友共之，敝之而无憾。"这是子路的性格，绝对豪爽，绝对仗义。有福同享，有难同当，颇有梁山好汉之气概。说到梁山，子路就是一个活生生的李逵。是不是巧合？子路很孝敬，李逵也很孝敬。子路百里负米，李逵打虎救母。子路敢顶撞老师，李逵敢叱骂宋江。相似处太多。作为大侠，境界要高。为国为民，侠之大者。子路跟随孔子周游列国，为的是天下苍生，不是为了一己私利。仅就这一点，令人叹服。

被误解的"愚民"思想

子曰:"民可使由之,不可使知之。"这是《论语》中的一句话。千百年来,就是因为这一句话,孔子被扣上主张"愚民"的帽子,这确实是一件很悲哀的事。

这怎么能是孔子的境界?孔子开办私学,主张有教无类,一生都在做着教化众生的工作,怎么能说孔子主张愚民呢?

那么,孔子这样说,是什么意思呢?这一定是他教化众生的一种方式。

孔子一生都"志于道",弘道其实是他一生的使命。但是,"道"这个东西,看不见,摸不着,也无法用语言来形容,"道可道,非常道"。根性利的人,如颜回之类的,一听就懂,且不违如愚。根性差的,不管圣人怎么权巧方便,都"不可使知之"。但圣人绝不放弃,先使他们"由之",即先按照圣人说的去做,做得久了,终有一天会"知之"的。

这是孔子的慈悲之处。

佛陀教学何尝也不是如此呢?弟子周利盘陀伽,天性愚笨,佛不管讲什么,都无法使他"知之"。佛就是采取"使由之"的方法,让他天天念"扫帚"两个字,最终不也开悟了吗?

《论语》用词之妙

老同学在微信中说,《论语》中第一人称代词的使用似乎极不规则,有时用"吾",有时用"我",这个问题曾困惑他很多年。

说实话,对这个问题我没有深入思考。我一直认为,这也许是古人的随意所为。

不过，对于《论语》用词之妙，我倒感受颇深。

比如，"一日克己复礼，天下归仁矣"中的"归"字。归者，回也。它要表达什么理念呢？借用佛经里面的一句话来回答这个问题。

"奇哉！奇哉！一切众生皆有如来智慧德相，只因妄想执着，不能证得。"

同理，"仁"，本来人人都具足，因为人的妄想与执着，"仁"似乎消失不见了。但只要"克己复礼"，克制自己的欲望，就能回归人的本性——仁。

经典永远是经典，研读时必须细细品味，反复咀嚼，才有可能读出真义！

颜回之愚

很多人不喜欢颜回。原因之一是认为颜回是个书呆子，上课基本不举手，也从未反驳过老师的观点。

理由似乎很正确，他甚至会搬出颜回的老师孔子的话来佐证自己的观点。

子曰："吾与回言终日，不违，如愚。"

不违，就是完全同意老师的话，从来没有不同意见。按我们现在的观点来说，颜回没有质疑的精神，只会被动地接受。

果真如此吗？大错特错！注意后面的两个字——"如愚"。这是孔子对颜回的高度赞赏。在孔子的弟子里面，恐怕只有颜回能达到"如愚"的境界。这是一种怎样的境界？道家有云：大智若愚……

颜回是上根之人，他是具有大智慧的。老师无论讲什么道理，他能很快地理解并接受。孔子是圣人，他所讲的都是宇宙的真相，你让颜回怎么反驳？

我们是俗人，我们永远无法到达他们的境界，误解与不解是难免的。

当然，从另一个角度讲，颜回的这种做法对孔子的教学是没有帮助的。颜回固然是利根之人，但其他同学根性一般。颜回可以代替其他同学来提问，甚至可以和老师辩论辩论，一方面活跃了课堂气氛，最重要的是让其他同学能够学到知识。

佛经中这种现象最普遍。释迦牟尼的教学基本是在学生的提问中进行的。如《金刚经》中的须菩提，《楞严经》中的阿难……他们充当的角色就是孔子希望颜回做到的。

可是，颜回没做到。于是孔子感慨地说："回也非助我者也，于吾言无所不说。"

为什么很多人支持把9月28日设为教师节？

为什么很多人支持把9月28日设为教师节？因为这一天是孔子诞辰纪念日。我举双手赞成，理由如下。

一、孔子人品好。这是最基本的。一个老师，若人品不好，师德差，可一票否决。孔子人品好到怎样的程度？《论语》中有记载。

子禽问于子贡曰："夫子至于是邦也，必闻其政，求之与？抑与之与？"子贡曰："夫子温、良、恭、俭、让以得之。夫子之求之也，其诸异乎人之求之与！"

弟子们认为，他们老师人品好，太有人格魅力了，每到一国，那些当政者会主动地毫无保留地把国家有关情况汇报给孔子。

二、孔子知识渊博。只会照本宣科的教师是不受学生欢迎的。孔子上知天文，下知地理，多才多艺，闻名天下。史书中记载，其他国家的君主，有疑难问题，常常不远万里，去鲁国找孔子。尤其是弟子们，把老师佩服得五体投地。孔子最得意的门生，德行科第一的颜回，曾高度评价过老师。

颜渊喟然叹曰："仰之弥高，钻之弥坚，瞻之在前，忽焉在后。虽欲从之，末由也已。"

在颜回看来，他们的老师高深莫测。不管怎么努力，难以企及老师的境界。

三、孔子教学艺术好。在我看来，在当前教育界，没有比孔子教育理念更先进的了。启发式的教学，因材施教，不管教育专家怎么折腾，其实都没超过这两点。

子曰："不愤不启，不悱不发。举一隅不以三隅反，则不复也。"反对满堂灌，以教师为主导，以学生为主体，孔子早在几千年之前就做到了。

四、孔子教学成果突出。教育理论毕竟是空的，教学成果才是实的。孔子的教学成果可以说是世界上最优秀的。

《史记》中记载，孔子弟子"受业身通者七十有七人，皆异能之士也"。

孔子的这一成果，在教育"唯分数论"的今天，是不敢想象的。我们的很多学生考试成绩高，但仅此而已了。

孔子的学生，有子贡那样的外交家，有子路那样的军事家，有子夏那样的大学问家等等。

人类之所以设立节日，是通过赋予某个日子特殊意义，传递某种记忆、情感或者认知。孔子是万世师表，至圣先师，把他的诞辰日设为教师节是再好不过了。

孔子看风水不看八字

看风水的人很多，但懂风水的人寥寥无几。看八字的人很多，但真正懂八字的人很少。

一个人命中缺什么，这是阴阳家必须弄清的问题。否则，什么起名呀择居呀风水调理呀都是空谈。

孔子懂《易经》，他的很多学生都是易学大家。孔子也占卜，为自己为他人。孔子会观天象,《史记》中有记载。孔子会看风水,《论语》中有证据。

子曰:"里仁为美。"这是孔子的风水观。他认为,一个地方风水的好坏,不在于是否风景优美,不在于是否符合"左青龙,右白虎,南朱雀,北玄武"的准则,而在于这个地方是否有仁德之人。

邻居很关键呀,千金置宅,万金买邻,说的就是这个道理。孟母三迁,孟子能成为亚圣,看来是有原因的。

这种风水观挺实用的。即使你不懂八字,但只要懂得这个原则,你一定会找到一个理想的居所。

看八字,最重要的是找准"用神"。"用神"找准了,才有可能神机妙算。不会找,不要不懂装懂,只要记住"里仁为美"这一原则也是很不错的了!

儒家也精进

白居易诗云:"行也阿弥陀,坐也阿弥陀。纵饶忙似箭,不废阿弥陀。"说的是念佛人应精进不已,佛号不离口,这样方可往生西方极乐世界,实现由人到佛的境界大提升。

孔子也曾说过:"君子无终食之间违仁,造次必于是,颠沛必于是。"说的是君子自强不息,仁德不离身,这样方可达到"仁"的境界,实现由凡人到圣人的本质转变。

如此看来,佛家教人如何成为"佛",儒家教人如何成为"圣人"。"佛"与"圣人",名号不同,但本质相同,都是指觉悟了的人。自觉,觉他,觉行圆满,境界之高,令人向往不已!

《论语》中的"如是我闻"

读佛经，你会发现，几乎每部经典的开头都有这四个字：如是我闻。别看就四个字，含义之深，常人难以理解。最为简单的理解，这四个字表示，以下所讲的，是我亲自从老师释迦牟尼那里听来的，完全是真实可信的。

同为经典的《论语》，因为是简单的语录体，大多数以"某某曰"的形式出现。虽不等同于"如是我闻"，但作用其实是一样的。它直接表明，这句话确定是谁说的。

当然，也会偶尔出现"如是我闻"形式的，比如：

曾子曰："吾闻诸夫子：人未有自致者也。必也亲丧乎！"

曾子曰："吾闻诸夫子：孟庄子之孝也，其他可能也，其不改父之臣与父之政，是难能也。"

这两则中的"吾闻诸夫子"就非常接近"如是我闻"形式，表明这句话是我亲自从孔子老师那里听来的。

一为儒家经典，一为佛家经典，如此"巧合"，并不意外。其实，儒佛两家本质上是相通的，形式上的相似就更不足为奇了。

最有文化的守城人

一个是仪封人。

孔子及弟子来到了卫国"仪"这个地方，仪封人——守城人不放行，无论孔子弟子们怎样恳求。

除非让我见见他老人家，守城人如是说。原来他是孔子的粉丝，对孔子仰慕不已，他觉得他绝不能放过这次机会。

他见到了，终于见到了自己最想见的"明星"。出来后，他情绪激动，说了一句"天将以夫子为木铎"。好个"天之木铎"，"天不生仲尼，万古长如夜"，说这句话的人大概是从这受到了启发。

另一个是他。

老子要出关，骑着青牛，来到了关口。守关人不一般，他夜观天象，知道来人非同小可。果然，来者是他偶像！

要出关嘛，得按规矩办事，守关人如是说。不过，俺要的不是钱，要的是文化。

老子洋洋洒洒五千言，换得了自由出关，从此不知所终。有人说，他去了印度，摇身一变，成了释迦牟尼，哈哈！

守关人窃喜，见到了偶像，得到了真经，于是他辞职了，不久就悟道了，于是云游四海……

他是尹喜！

这事儿李白很感慨

话说当年孔子周游列国期间，得知齐国欲侵略鲁国，心中很是不爽，成天眉头紧锁，情绪低落。弟子们看在眼里，急在心里，纷纷向老师表示，愿意回去解鲁国之难，孔子一一否决。但当子贡说出这一想法时，孔子眉开眼笑，当即表示同意。孔子知道，凭借子贡出色的外交才能，鲁国一定能躲过这一灾难的。

果然，子贡没有让他的老师失望。史书上记载，子贡一出，存鲁乱齐破吴强晋而霸越。

我们也由此知道，勾践能够灭吴，子贡的穿梭外交起到了极大的促进作用。

勾践那个得意啊！

李白在一首诗中写道："越王勾践破吴归，义士还家尽锦衣。宫女如花满春殿,只今惟有鹧鸪飞。"

我们能想象到勾践和战士们得意的神态,也能想象到勾践在众多宫女的簇拥下,从此君王不早朝。

但是,所有的一切都已成为过眼云烟,所有的感慨都包含在"只今惟有鹧鸪飞"中。人生无常,盛衰无常,这是李白的感慨。

我想李白应该释然。李白是谪仙人,是诗仙,在他身上,儒道释思想并存。《金刚经》有云:凡所有相,皆是虚妄……

我想不能释然的倒是我们这些俗人。

《论语》中的扫地僧

《论语》中,有几位没有名字的隐者。他们没有长篇大论,也没有与孔子进行激烈的交锋,但他们的只言片语或超然的举动,却给读者留下了极为深刻的印象。他们是高手,他们冷眼旁观,但他们同样具有热心肠。表面上看,他们讥讽孔子,不解孔子,实际上,他们是"圣人的大知己"。

他们不是逃避,他们选择了另外一种方式来拯救这个世界。他们如《天龙八部》中的扫地僧,外表看起来很普通,内功却深不可测。

《论语》整部书的构思极其精妙,安排几位道家人物的出现,让整本《论语》灵动起来。他似乎启发人们,不管是儒家还是道家,甚至后来的佛家,其实都是一家。

睡觉的正确姿势

"寝不尸。"它出自于《论语·乡党》。一种观点认为,这里的"尸",指的是如尸体一样仰面而卧。也就是说,仰面睡觉,在古人看来就如横尸一样,是十分不吉利、不健康的。

从现代医学的角度来看，这么说确实有一定道理。研究发现，在所有的睡姿中，仰面睡觉肢体的放松程度最差，而且容易把手放在胸口、腹部，引发不适甚至噩梦。

最重要的是，仰面入睡可能诱发睡眠呼吸暂停，甚至口水流入器官，更有甚者会引发食物的反流而导致窒息。因此，古人把仰面睡觉视作"横尸"，是不为过的。那么怎么睡是最科学的呢？右侧卧，吉祥卧也。

子路反对应试教育

子路使子羔为费宰，子曰："贼夫人之子。"子路曰："有民人焉，有社稷焉，何必读书然后为学。"子曰："是故恶夫佞者。"（《先进》）

读到这则，不禁哑然失笑。子路，张飞李逵式的个性暴露无遗。子路认为，自己明明做了一件好事，却遭到老师的反对，不是太冤枉了吗？

子路当时在季氏手下任职，季氏是鲁国的权臣，在鲁国说话比国君都有用。子路凭借这层关系，想给同学找一份儿工作。旁人看来，这确实是一件好事啊！

可孔子认为，子羔学业未有所成，这个时候让他去做官，这是害了子羔啊！"贼夫人之子"，说成大白话，就是害了人家娃娃啊！

子路当然不服气，他敢辩解。在孔门弟子中，只有子路敢这么做。子路说，难道只有在课本上学才叫学吗？当官的时候，可以向老百姓学习，学习治理经验，学习祭祀常识，效果不是一样吗？

子路说得确实有道理。他似乎理解了教育的真谛，他好像反对应试教育，他的观点似乎符合素质教育的理论。孔子似乎无言以对。只能来一句，"是故恶夫佞者"。翻译成大白话就是，"滚一边去！"

那么孔子为什么反对呢？孔子的圣人心肠，反对拿老百姓当试验品。边从政，边学习，说得轻松，可万一失败呢？遭殃的是老百姓啊！儒家向来反对德不配位才不配位。古语有云"德不配位，必有灾殃；德薄而位尊，智小而谋大，力小而任重，鲜不及矣。"意思是说，一个人智慧不深而谋划太大，力量很小担子却很重，那么，其必定达不到预想的结果。同样，如果一个人的道德品行和他的职位等福报不相称，也必定会招来灾祸！这样说来，孔子反对，无论对子羔还是对人民，都是一件好事啊！

◆ 什么才是真正的快乐 ◆

学而时习之，不亦说乎！（《学而》）

可以说，只要是读书人，没有不知道这句话的，这是《论语》开篇第一句。遗憾的是，对这一句的翻译，五花八门，令人不解。有人翻译说："学习要经常复习，不也很快乐吗？"可是你想想，天天复习真能快乐起来吗？

一部经典的第一句话往往是最重要的，它可能是全书的纲领，《论语》就是这样的。《论语》是圣人学习心得，书中的每一个字都有非常深刻的含义。

学，觉也。圣贤经典都是让人觉悟的，让人能真正认清宇宙真相的。可实际情况是，我们绝大多数人都是迷惑的。我们不了解宇宙真相，妄念、分别、执着占据了我们的头脑。所以，圣人的第一句话如同棒喝，意在唤醒我们这些沉睡的人。

如果我们真的觉悟了，还要"习"。习，不仅仅是复习，更重要的是实践。《说文》中对习的解释，"数飞也。"什么意思呢？像小鸟学习飞翔一样，反复练习。学习圣贤经典何尝不是如此呢？我们如果觉悟了，真正领会了圣人的言语，那就要在日常生活中反复"实践"。也只有反复地实践，你才能证悟圣人所说果然不虚，才能体会到真正的喜悦。这种快乐是发自内心的，与外在环境毫不相关。为什么颜回的生活环境那么苦，可他还是那么快乐，原因就在此吧。

得了传染病，孔子的学生也主动隔离

伯牛有疾，子问之，自牖执其手曰："亡之，命矣夫！斯人也而有斯疾也！斯人也而有斯疾也！"（《雍也》）

这是《论语》中的一则。伯牛，孔子的得意门生。他得了重病，他的老师孔子来看望他。但孔子没有进屋，而是"自牖执其手"，隔着窗户抓住伯牛的手，连声哀叹："天哪，这是命啊！这么好的人怎么能得这种病呢？这么好的人怎么能得这种病呢？"

师生之情让人动容。但是，孔子为什么不直接进屋走到伯牛身旁，而是隔着窗子与他握手？

一种说法是伯牛家人非常尊重孔子，想让伯牛以面君之礼来见老师，当然孔子不敢当，所以拒绝入室，只是从窗口那里握住伯牛的手表示慰问。

另一种说法说孔子懂得医术，所以在窗户那里拿着他的手把脉。

还有一种说法，说伯牛得了传染病，主动把自己隔离在一间小屋里，听见孔子来了，也不开门，孔子只好隔窗探视，并用握手的方式予以安慰。

呵呵，你觉得呢？都有道理吧！第一种观点体现了儒家对礼的重视，尤其是孔子，一生志在复兴周礼，因此时时刻刻为世人做表率。第二种观点也符合孔子形象，孔子博才多学，天文地理，无所不知，无所不晓。第三种观点呢，体现了圣子的学生同老师一样，一副慈悲心肠。得了传染病，主动隔离，处处为他人着想。

他笑了

子曰："回也非助我者也，于吾言无所不说。"（《先进》）

这是在表扬颜回呢，还是在批评颜回呢？明明是表扬啊！妙就妙在颜回的"说"上。只有这样的老师，只有这样的学生，才能心心相印。

世尊于灵山会上，拈花示众。是时众皆默然，唯迦叶尊者破颜微笑。好个"破颜微笑"。

找个词语夸夸你

话说孔子一行人周游列国，来到"仪"这个地方。恰好管理边境的官员是孔子的铁杆粉丝，提出了一个似乎不近情理的要求，"君子之至于斯也，吾未尝不得见也。"孔子的弟子满足了他的要求。这个官员见了孔子后，用"木铎"二字来夸孔子。好个"木铎"！孔子之前，世人昏昏欲睡；自从有了孔子，世人皆被唤醒，从而破迷开悟。圣人"命运"何等相似，老子骑青牛过函谷关，也曾被尹喜索贿，从而有了《道德经》。

想起你的样子

《乡党》篇读起来很烦琐，因为它主要记录孔子的日常工作与生活，似乎不符合语录体的风格。其实孔子的动静起止，无不是圣人的性德流露。静心读来，宛如圣人之在目也。

疾，君视之，东首，加朝服，拖绅。（《乡党》）

孔子重病，无法起床。但国君来看望的时候，尊君之礼毫不缺失。儒家重视礼，如佛家重视戒律。宁为持戒而死，不因犯戒而生，此之谓也！

乐师出走

大师挚适齐，亚饭干适楚，三饭缭适蔡，四饭缺适秦，鼓方叔入于河，播鼗武入于汉，少师阳、击磬襄入于海。（《微子》）

读这段，令人感慨。凄怆之景，万古堕泪！这么好的乐师，纷纷离开。为什么呢？国家无道，礼崩乐坏。"洋洋乎，盈耳哉"已成过眼烟云。人生何尝不如此，珍惜当下一切吧！

孔子说，你必须要读书！

子谓伯鱼曰："女为《周南》《召南》矣乎？人而不为《周南》《召南》，其犹正墙面而立也与！"（《阳货》）

这是孔子给儿子讲读《诗经》的好处，也就是读书的好处。孔子曾对他说过，"不学诗，无以言"，这次又说，不学诗，"其犹正墙面而立也与！"什么意思呢？你不读书，就好像面对墙站着，眼睛被墙挡住。表示没有见识，不懂得怎么做事。或者说，你不读书，何谈修身、齐家、治国、平天下，"譬如面墙而立，第一步已不可行"。这种解读也很好。

读《诗经》，或者读书，为什么有这样的好处？古人说："夫诗温柔敦厚者也。"就是说，读书，能改变人的气质，能让人变得温柔敦厚。温是对人态度温和，柔是心地柔软，敦厚是厚道，待人不刻薄。孔子不是还说过"诗可以兴，可以观，可以群，可以怨"吗？

是啊，读书太重要啦！可现实是，真正读书的人越来越少了。心灵鸡汤、成功学等一类的书籍大行其道，而一些圣贤经典却束之高阁，悲哉！

研学莫若学孔子

2500多年之前，孔子和他的弟子进行了一次史无前例的研学旅行。这次研学，规模之大，阵容之强，时间之久，目标之高世界少有。历时14年，孔子带领他的弟子，边走边学边实践，收获满满。和后世一样，孔子也教弟子们各种知识，教六艺，教五经，但孔子的教学目标并没有停留在此。孔子知道自己的使命，弘扬正法才是他们的研学目标。一路上，只要有机会，他就要给学生们教如何做人，如何成为一个圣人。

樊迟从游于舞雩之下，曰："敢问崇德、修慝、辨惑。"子曰："善哉问！先事后得，非崇德与？攻其恶，无攻人之恶，非修慝与？一朝之忿，忘其身，以及其亲，非惑与？"（《颜渊》）

类似的场景在《论语》中太多了。可以说，《论语》就是孔子的教学实录，也是孔子和他的弟子们的研学旅行报告。崇德、修慝、辨惑不正是人生重大主题吗？事实证明，孔子是成功的。《史记》中记载，孔子弟子"受业身通者七十有七人，皆异能之士也"。

读万卷书，行万里路，这确实是一件好事，可如今的研学旅行似乎变味儿了。读读《论语》，学学孔子，也许会有所悟的。

里仁为美

子曰："里仁为美，择不处仁，焉得知？"意思是说，选择住处，要选择有仁者居住的地方。选择没有仁者的地方居住，怎么能够成为智者？

说得有理。人们常说，千金置宅，万金买邻，可见选择住处多么重要。好风水，首先要有好邻居。没有好的邻居，再好的风水宝地也不会给你带来好运，孟母三迁就是最好的例子。不是吗？《弟子规》里讲："能亲仁，无限好；德日进，过日少。"和品德高尚的人在一起久了，自己也会受感染的。

当然，与其我们选择仁者，我们何不自己做一个仁者呢？我们应该把目光放远，我们的生存环境不仅仅是地球，整个宇宙都是我们的生存环境。佛学上讲，最仁厚的地方，最美的地方是西方极乐世界。怎么才能去那里呢？要修行！如何修行呢？克己复礼……

孔子也慎重的三件事

《论语·述而》中记载，孔子一生所慎重的三件事：齐、战、疾。齐，即"斋"，斋戒的意思。古人祭祀之前，必须斋戒。斋戒，表示心诚，心诚则灵。只有这样，才能与神感通。斋戒在饮食方面最主要是吃素，不能吃肉类。这其实是反对杀生的一种手段而已。儒家与佛家一样，也反对杀生，只不过佛家更彻底。儒家认为，亲亲仁民爱物。爱物，就要爱众生。人性本善，反对杀生是人类慈悲心肠的表现。佛家更坚决，认为人若杀生死后必堕入三恶道。孔子作为一个大圣人，当然对这件事是很慎重的。现在想来，儒家也好，佛家也好，这一戒律，从科学上讲也是有好处的。现代人大吃大喝，生猛海鲜，大鱼大肉，不知道吃出了多少种疾病。

孔子对战争也很谨慎。儒家讲王道，向来是反对战争的，但不反对保卫战。受此观念的影响，中国人向来热爱和平，但从不畏惧战争。从古到今，勇敢的中国人，为了中国的正义事业，抛头颅，洒热血，他们是真正的中国脊梁。佛家与儒家不完全相同，面对战争，他们似乎很"消极"。因为他们懂因果，他们认为，所有的一切都是注定的。

孔子对疾病也很慎重！《孝经》里讲，"身体发肤受之父母，不敢毁伤，孝之始也。"身体是父母所赐，所以对它要慎重。赶紧把病治好，免去父母的担忧。呵呵，不管是为了自己，还是为了父母，有病就要医治。

有病就要吃药，吃药也要慎重。《论语·乡党》篇中记载，季康子馈赠药给孔子，孔子拜谢后接受了，却说道："我对这种药的药性不了解，不敢尝用试服。"看来孔夫子是一个细心人。

突然想起两个人

每年高考季，总会有一些谣言出来蹭热度，吸引眼球，扰乱高考秩序，引发考生与家长的焦虑情绪。"老赖父亲殃及子女高考"的谣言也屡屡在高考期间出现，这些谣言的背后往往是造谣者精心设计的骗局。网传文章称，一个女生去年高考考了710分，却因父亲贷款失信而被学校拒绝。招生办认为她的父亲不讲信用，女儿也很可能受到影响，高校不能录取品行不端的人。

通过搜索发现，这个故事流传已久。各版本情节相同，都是因为父亲是"老赖"，女儿考了710分却未被录取，不同的只是考生名字不一样，今年你看到的是"潇潇"，明年可能变成"李娟""小霞""露露"。"老赖"子女不能上学？

其实国家有关部门早已澄清。早在2019年的十三届全国人大二次会议记者会上，最高人民法院审判委员会副部级专职委员刘贵祥已澄清，"对失信被执行人采取信用惩戒措施，只是限制上高收费的贵族学校，不能把正常的义务教育和高学历教育等正常的上学都列为限制"。

我因此想到孔子的一个学生——冉雍。《论语·雍也》中有这样一则。

子谓仲弓，曰："犁牛之子骍且角，虽欲勿用，山川其舍诸？"

冉雍这个人前面讲过，他的父亲是冉离，据说品行不端。但就是这样一个人，却有三个非常了不起的儿子，冉耕、冉雍、冉求，都是孔门十哲里面的人物啊！冉雍冉耕在德行科，冉求在政事科，孔门中的一门三贤啊！就因为这个原因，冉雍有点自卑，作为老师的孔子，抓住这个机会来鼓励冉雍。孔子的意思是说，只要你品德端正，才华横溢，不管你的父亲品质如何，都不会影响你的前途的。

虽然这是一个谣言，但也值得我们警惕啊！我们的社会中，确实有这样一种不正常的倾向，典型的血统论思想在作祟。

突然想到了舜帝。舜的背景是，父顽，母嚚，弟劣，他们三人每天就琢磨一件事情：如何害死舜？于是就发生了许多惊险的故事。如果按照血统论来推测，那舜就会是一个非常危险的人物。可事实呢？舜的品质感动了家人，感动了天下人，感动了尧帝，最后尧把帝位禅让给舜。

"老赖"的行为确实可恨，对这种人就应该严厉惩罚，他们就是我们这个社会诚信缺失罪魁祸首。高尔基说过，诚实是人生永远最美好的品格。但无论如何，他们的罪过不应由子女来承担。

◈ 这个娃娃了不得 ◈

一日，福州8岁的二年级男孩小冯发现，语文课文《羿射九日》中前一段刚提到"江河里的水被蒸干了"，下一段又提到"他蹚过九十九条大河，来到东海边"。因此他质疑道："既然晒干了，那后羿是怎么蹚的？是不是课文出错了？"

面对儿子提出的这个问题，难以作答的妈妈何女士只得将其晒到了朋友圈，求高手解答，没想到朋友圈一下子炸开了锅。

有人说，大河的河床都比较深和宽，羿蹚过的可能是河床，课文少印了个"床"字。

也有人解释："河里没水也是河，蹚的词意是从水里或者草里走过去。河水干涸了，庄稼死了，河沟里杂草丛生，后羿蹚过长满杂草的99条大河，蹚的是杂草。"

而这件事在网上也引发了"大讨论"。有网友表示，现在的小朋友不好骗了；有网友认为，这是夸张的写法，神话故事不要太讲逻辑，重在奇异，不必在意细节；但是更多的网友尽管无法对问题进行作答，却都在为

129

男孩的质疑精神点赞。

不过也有专家对此进行了释疑，福州教育研究院教研员何捷表示，可以从三方面去解释。

第一种解释：我国地大物博，这九十九条河可能是泛指神州大地上的河，而蒸干的只是其中一部分河。

第二种解释：这是一个神话故事，作者要描述神力时，会集中精力、不遗余力地描写，比如，他想描述太阳晒得地上很干，他就会写"江河里的水被蒸干了"；他想描述羿很神奇，就会写"羿翻过九十九座大山，蹚过了九十九条大河……"每一次描写都很注意凸显神力，因此，出现了前后矛盾。

第三种解释：神话故事都是口耳相传的，老百姓把对后羿的热爱都融入在故事中，说"他蹚过了九十九条大河"，是为了凸显他的神力。在口耳相传时，不如用文字直接记载时的规范与严谨，因此，出现了这个问题。

他指出，这是一处显而易见的矛盾，在阅读时，家长应引导孩子，着重去感受神话的奇迹，特别是创世纪神话中带有一种远古先民的智慧，重点关注这种神奇的智慧、描述上古时代生活的智慧，不要过于纠结文章前后的逻辑问题。

人民教育出版社微博就此回应：这个孩子敢于质疑，能够边读边思考，提出了很好的问题。神话中充满了神奇的想象，会有很多夸张的描述，比如，"江河里的水被蒸干了"，是为了突出十个太阳给人们带来的灾难，羿"翻过九十九座高山，蹚过九十九条大河"，也是用夸张的手法表现他的神力。联系上下文，"蹚"字的确用得不恰当。教材编写组正在认真研究，会对教材进行适当修改，下个版本的教材这个问题就解决了。

很明显，这个孩子的质疑精神得到了人们普遍的认可。质疑精神，创新意识，历来是人们所提倡的与鼓励的。

由此，我想到了孔子的弟子宰予。他是孔门72贤之一，在孔门十哲中言语科第一，甚至排在子贡前面。宰予就是一个敢于质疑的人。在《论语》中，他的几次提问都刁钻古怪，若不是孔子那样的老师，恐怕多次被"挂"在黑板上了。宰予善于思考，敢于挑战权威，这种品质相当可贵。当然他不钻牛角尖，不是那种存心不良而故意让老师出丑的那种学生。

宰予也挨过孔子的批评。"朽木不可雕也"，我想全中国人都知道，这就是孔子批评宰予时所说的。但宰予从来不记恨老师，相反地，在孔子生前和死后，他处处维护孔子的尊严。他说："以予观于夫子，贤于尧舜远矣。"

看了这则报道，有感而发。

孔子说因果

《论语·雍也》中有这样一则。

子曰："人之生也直，罔之生也幸而免。"杨伯峻先生把它译为："孔子说人的生存由于正直，不正直的人也可以生存，那是他侥幸地免于祸害。"

那么，问题来了，不正直的人到底能免于祸害吗？

深入研究，你会发现，孔子在这里含蓄地表示，免祸是暂时的，报应是一定的。从一个人的一世来看，似乎很不公平。许多恶人恶贯满盈，却能善终；而许多善人却厄运连连。但从三世因果来看，报应是很公平的。老年人不是常说，善有善报，恶有恶报，不是不报，时辰未到。

然而，现实状况是很多人不信因果，认为这是迷信。固然，佛学讲因果，但儒佛同理，孔子同样承认因果的存在。《周易·系辞传》里说："精气为物，游魂为变。"这就承认了人死后魂魄不死，接受轮回。我们会发现，古今中外的经典之作，虽然语言等形式不同，但目的都一样，都是劝人向善。"积善之家，必有余庆；积不善之家，必有余殃。"《易经》中的这一句就更明白地揭示了因果报应的道理，并告诫我们，必须做一个好人。

古人认为，一个人不但不能做坏事，就连恶念也不能有。想起一个故事。从前，一个乞丐躺在城门过道上胡思乱想："如果国王的头颅断掉，让我来做国王，那该多好啊！"他屡屡萌生这样的恶念。第二天早晨，正当他酣然熟睡时，国王乘车而来，车轮恰恰辗过他的脖子，结果他自己的头断掉了。

也许我们看到的是指月之手

看儒道释经典，文中往往有很多寓言或比喻。这些看似有趣的故事，往往蕴含着深刻的道理。这其实体现了古人的慈悲，为了教化众生，他们用方便权巧方法，想方设法让我们悟"道"。但正如老子说过，"道可道，非常道"。我们以为自己理解了，但我们真的懂了吗？

耳顺的境界

这个世界的众生耳根最利。眼观六路，耳听八方，也似乎印证了这一点。于是乎，中外的圣人们传法弘道时只关注耳根，不约而同地"述而不作"。孔子如此，释迦牟尼如此，要不是守关人为难老子，《道德经》恐怕也难以问世。这绝不是一种巧合。但耳根利并不代表境界高，耳顺才是大境界。孔子60岁才到了"耳顺"的境界。耳顺是一种怎样的境界？现代人的解读虽然很多，但都不得要领。反闻闻自性，耳根如此，六根亦如此。

闲谈莫论人非

子贡啥都好，口才好，又有钱，唯一缺点是喜欢背后议论人。孔子对此很不满意，于是批评道："你就真的比别人好吗？我可没有这闲工夫。"这是儒家，佛家认为这是造口业，会有报应的。

有一佛教故事里讲，一小沙弥因背后议论老比丘，曾在某一世变成一条狗，因偷食主人家一根骨头被打断腿。

无论儒家还是佛家，都注重个人修养的提升，都认为与其议论别人，不如提升自己。《大学》中说："自天子以至于庶人，壹是皆以修身为本。"

管仲的境界

子路曰："桓公杀公子纠，召忽死之，管仲不死，曰未仁乎？"子曰："桓公九合诸侯不以兵车，管仲之力也。如其仁，如其仁！"（《宪问》）

译文

子路说："齐桓公杀了公子纠，召忽自杀以殉，但管仲却没有死，管仲是不仁吧？"孔子说："桓公多次召集各诸侯国盟会，不用武力，都是管仲出的力。这就是他的仁德，这就是他的仁德！"

子贡曰："管仲非仁者与？桓公杀公子纠，不能死，又相之。"子曰："管仲相桓公霸诸侯，一匡天下，民到于今受其赐。微管仲，吾其被发左衽矣。岂若匹夫匹妇之为谅也，自经于沟渎而莫之知也。"（《宪问》）

译文

子贡说："管仲不是仁人吧？齐桓公杀了公子纠，他不能以死相殉，反又去辅佐齐桓公。"孔子说："管仲辅佐齐桓公，称霸诸侯，匡正天下一切，人民到现在还受到他的好处。如果没有管仲，我们大概都会披散着头发，衣襟向左边开了。难道他要像普通男女那样守着小节小信，在山沟中上吊自杀而没有人知道吗？"

对于管仲的行为，孔子的两位高足不甚理解。和我们一样，子路和子贡都认为管仲应该自杀，这样才是一个真正的忠臣。一臣不事二主，更何况，公子小白是管仲的"政敌"。

道理确实如此。可孔子的观点恰恰和我们相反，为什么呢？孔子认为，管仲的境界太高了。他甘愿冒着被后世唾骂的罪名，但为了天下苍生免于战争践踏，而心甘情愿地来服侍公子小白。历史证明，管仲成功了。管仲当然可以像召忽一样选择自杀而成就自己"忠诚"的名节，而天下万民呢？孔子认为，从这个角度来说，管仲确实是仁人啊。

古人云："大丈夫生于世间，唯以救民为第一义。"为什么管仲不自杀？以救民为第一。小名小节，何足论也！

管仲如此，孔子何尝不是如此。为了天下苍生的福祉，孔子和他的弟子们周游列国。他们遭到了多少人的非议，但他们从来没有停止。什么是大境界、大胸怀？孔子是也，管仲是也。

和孔子学课堂导入

《侍坐章》是孔子的一堂口头作文课，作文的题目是《我的理想》。

他是这样导入的。

孔子说："因为我年纪比你们大一点，（你们）不要因为（我年长）就不敢说话了。（你们）平日说：'不了解我啊！'假如有人了解你们，那么（你们）打算做些什么事情呢？"

这个导入，很有特点。

开门见山，直入主题。孔子没有绕弯子，没有煽情，语言质朴自然。这种导入不注重形式，看似随意，实则体现出了大境界。

反观我们有些教师的导入，确实存在很多问题，比如导入的幼稚化。学生明明知道要上哪一课，还故意编个故事，或让学生猜个谜语，然后还问：同学们，你们知道他是谁呢？这种导入有意思吗？

导入到底有哪些作用？一是营造气氛，要求导入语言有文采，有感染力。二是激发学生的兴趣，问题设置要有趣但不能幼稚。三是引发学生的深思，便于课堂问题的深入讲解。

课堂导入要有效。孔子的这个导入，一下子拉近了与学生们的距离，打消了学生们顾虑，充分地激发了学生们的兴趣。不是吗？还没等孔子说完，子路就迫不及待了……

这堂课点评缺失吗？

《侍坐章》是孔子的一堂课，我曾经评价过，不再赘述。私下交流，有人认为这节课孔子点评不到位。对此，我不敢苟同。

因材施教是孔子的教学理念，面对不同的学生，孔子的教学方式是不同的。根性差的，孔子不厌其烦，苦口婆心。根性好的，孔子言简意赅，一笔带过。

我们看这四位学生，都是高才生啊，相比而言，根性都好。冉求和子路，政事科的代表，很了不起。公西华，搞外交的，精通礼仪。曾皙，曾子父亲，是个狂人，有庄子个性。他们领悟能力相当好，孔子不必过多地点评，否则效果适得其反。

再说，孔子不是也点评了吗？一个哂，一个叹，另外两个更是无语。充满机锋啊！我们看得一头雾水，但孔子师徒之间心心相印，心有灵犀……

你是不是想到了拈花一笑？原来是我们境界太低。

135

这个时候要听话

什么时候呢？就是马上要参加中考或高考的时候。听谁的话呢？当然是听老师的话。

每年这个阶段，总有一部分同学由于种种原因，或自以为是，或看不起老师，在复习备考时从来不按照老师说的去做。实践证明，这些学生最后很惨的。

事实上，老师都是过来人，在这个阶段，他们一定会精心指导自己的学生如何备考。作为学生，老老实实地落实就行。

印光法师说过："一分诚敬得一分利益，十分诚敬得十分利益。"这句话非常适合各位考生。只要内心恭敬，然后按照老师说的去做，至少不会走弯路。

孔门中的颜回就是例证。他从来不怀疑老师的观点，在他看来，老师说的每一句话都是真理。在整部《论语》中，他问的问题几乎是最少的，但其实是最深刻的。老师的回答也是最深刻的。"回虽不敏，请事斯语矣。"听完老师的回答，颜回总是这样说，表现出对老师的高度信任与顶礼膜拜。正因为如此，他的境界与学问在孔门中位列第一。

谦虚一点吧，参加中高考的孩子们！

子不语

子不语怪、力、乱、神。为什么呢？无益于教化或不忍言，这是圣人慈悲心肠的体现。怪力乱神这些现象，一般民众是无法理解无法接受的，反而心性会受到污染。而反观现在媒体，做得就不太厚道了。有些媒体为博人眼球，什么血腥呀、明星出轨呀等等从不避讳。

可今天几则消息却是例外!

外卖员给医生送餐途中受伤,接下来这一幕太温暖……

大车驶过,3吨可乐散落一地!众人蜂拥而上…这一幕必须赞!

90岁老人凌晨躺在街头,"海鲜哥"看到做了个决定,感动一座城!

穿着拖鞋,"挂"在7楼外,这个大叔的背影帅爆一座城!

满满的正能量,多么暖心的消息。正如网友所言,他们的善良和热忱就是一座城市最迷人的风景,愿我们的社会每天都有这样美好的故事发生!

子曰:"《诗》三百,一言以蔽之,曰'思无邪'。"这其实就是孔子删诗的标准,凡是恶的、有伤风化的,不管多有文采、多吸引人,孔子全部删掉,看来有些媒体要好好反思了。

劳动最光荣

子曰:"吾少也贱,故多能鄙事。"这是孔子成名后说的一句话。孔子是个苦命人,很小就失去了父亲叔梁纥。还未成年,母亲颜徵在也去世了。小小的年纪,就要承担起养活自己和哥哥孟皮的责任。他给季氏做过乘田,做过委吏,甚至还做过许多更粗重的活,但孔子从来没觉得丢人,虽然狗眼看人低的阳虎曾经羞辱过他。他说:"富而可求也,虽执鞭之士,吾亦为之。"今天一则新闻,看了之后同样让人感动。

十多年前,在四川遂宁射洪街头,有三个只有五六岁的孩子,因为家庭贫困,跟着奶奶一起擦皮鞋,牵动了整个城市的心。十多年后,十八岁的姐弟三人,今年高考全部取得超一本线的好成绩!

这是一个特殊的家庭。2006年,因突生变故,五岁多的双胞胎姐妹蒋巧云、蒋玉娇和堂弟蒋仕杰失去了父母的爱,家中也失去了收入来源。生活重担全部压在了奶奶汪厚芳一个人的肩头,而她一个月只有三百多元的工资,要养活几个孩子实在是难上加难。

为了维持家庭的基本运转,汪厚芳准备了简单的工具,走上街头开始擦鞋谋生。从小学一年级开始,每天放学和周末,三个孩子也学着奶奶的模样,拿起擦鞋工具街边摆摊。

这是一个暖心的故事。我们不但感动于浓浓祖孙之情,更感动于三个孩子的奋斗过程。他们不是官二代,也不是富二代,但他们的品格远远胜于某些官二代,富二代。他们懂得,劳动最光荣。

他们牢牢地记住了奶奶经常对他们说的话,"做人要勤劳,虽然擦皮鞋辛苦,但我们是靠自己的双手挣钱,不丢人"。

仁爱之心不可缺

厩焚。子退朝,曰:"伤人乎?"不问马。这是《论语》中的一则故事。

对于这则故事,向来有争议。有人说,在孔子的眼里,还有分别,马和人都是生命,不问马似乎不是圣人境界。也有人说,"不问马"的"不"是后的意思,意思是说孔子先问人,后问马,是儒家亲亲仁民爱物的体现。

不管怎样解释,他们都承认孔子对"人"的关怀。人之所以异于禽兽,其表现之一就是人有仁爱之心。可近日一则消息,却引发了人们的思考。

2019年7月16日凌晨,一个发生在北京市南四环的车辆追尾事故引发关注。经交警部门通报,这起事故造成了后车车内两人死亡。

事故发生后,一段记录了追尾车辆从冒烟到起火,最终被火焰吞噬的短视频在网络上传播开来,视频显示,在后车从冒烟到燃起大火的过程中,前车司机一直在打电话,路人一直在呼喊:"先别打电话了,快赶紧把你的车往前挪!""我开车给你拉一下,你先把人弄出来!"

目前，该司机已被公安机关依法刑事拘留，案件正在进一步调查中。当然，他违反的不仅仅是法律，他更违背了人之常情。无论情况有多复杂，面对惨烈的车祸，救人永远是第一位的。

做人不能太霍顿

子曰："君子无所争。必也射乎！揖让而升，下而饮。其争也君子。"（《八佾》）

译文

孔子说："君子没有什么可与别人争的事情。如果有，一定是比射箭了。比赛时，相互作揖谦让后上场。射完后，登堂喝酒。这是一种君子之争。"

这是《论语》中的一则。射本身是六艺之一，除可用于打仗之外，平时的比赛可以用来培养仁德之心。比赛结果其实不是最重要的，谁胜谁负无所谓。比赛过程中相互学习，相互欣赏，相互切磋技艺，相互砥砺德行才是比赛的真实意义。场上是对手，场下是朋友，友谊第一，比赛第二嘛！

近日，孙杨夺冠后，获得第二名的澳大利亚选手霍顿拒绝站上领奖台的行为引发各方关注。霍顿就是典型的输不起。他完全不懂得比赛的意义，根本不理解体育精神。技不如人，应反求诸已，而不应该生嫉妒怨恨之心。相比较而言，孙杨表现得有礼且大度。《弟子规》里面讲，"唯德学，唯才艺，不如人，当自砺。"看来霍顿应该好好反思了。

四、问答篇

> 在学生心目中,《论语》是一部怎样的书?读《论语》时,他们会产生哪些疑问?本人征集了各个学段学生的问题,并予以回答,部分辑录于此。

◈ 答大学生之问 ◈

▶以蔡志忠的漫画《论语》英译本在国际上产生广泛影响为例,如何看待中国传统文化典籍《论语》在异域文化语境下的传播和接受?(欧阳雨薇,华中师范大学汉语言文学专业2019级公师五班)

这个问题很有深度,也很专业。中国文化在异域文化语境下的传播与接受,应该是美学研究的重要文化现象。不过,我注意到了这个问题所暗含的一个前提,那就是肯定了世界各国文化交流的必要性。

这是必然的。

世界各国的文化交流,有利于世界文化的相互借鉴,有利于维护世界文化的多样性,有利于世界文化的繁荣与发展。

世界各国的文化交流,有助于各国人民相互理解彼此的价值观和文化传统,从而能够消除误解与偏见,增加理解与信任。

这对中国而言尤为重要。目前,中国的发展与强大引起了西方某些大

四、问答篇

国的焦虑,他们认为中国的强大对他们而言是一种威胁。其实,这完全是错误的。之所以有这样的认识,一方面源于他们的狭隘,另一方面源于他们对中国文化的无知。

《论语》传播的意义正在于此。读懂了《论语》,也就能理解中国文化。《论语》中所倡导的"和"的理念,所提倡的"己欲立而立人,己欲达而达人"的境界正是中国文化的精华所在,西方人应该认真读读。

问题是,要真正地读懂《论语》并非易事。漫画《论语》的出现,也许能为西方读者了解中国文化提供一条捷径。

中国文化如何能够更好地被西方读者接受,漫画《论语》的出现给了我们很大的启示。

▶在当时那个环境,周礼治国难免是一种理想,孔子曾同老子会面,晚年回到祖国的孔子是否放下了牵挂,接受现实,领悟老子的话语?(田晶,陕西师范大学汉语言文学专业2022级)

正如你所说的,在孔子那个时代,周礼治国确实是一种理想。当时的情况是礼崩乐坏,君不君,臣不臣,父不父,子不子是社会的常态。孔子的立场是,坚决维护周礼。在孔子担任中都宰、小司空、大司寇期间,他曾做过多种努力,但最终失败了。周游列国期间,他也从没有放弃自己的主张,反而"知其不可而为之"。这就是儒家的担当精神,或者更准确地说,是孔子的慈悲心肠。

孔子确实和老子会过面,这是中国文化史上的大事件。他们二位的见面,被闻一多比喻为太阳和月亮的会面。可以这样说,这次见面,进一步提升了孔子的思想境界。我们也更进一步确信,儒家和道家并不是矛盾的,而是相通的。

至于你说,晚年的孔子是否放下执念,接受现实,我要说的是,对孔子这样的大圣人来说,他从来没有"执念",他随缘而不攀缘。众生若有福报,他们会接受孔子的主张,当然这最好不过了。众生若没有福报,没有接受他的主张，孔子也绝不勉强。

我们读《论语》的时候，有时也会感受到孔子身上道家思想的影子。他曾说，"道不行，乘桴浮于海"，也曾说过"用之则行，舍之则藏"。儒家也好，道家也好，其实他们的心思是一样的：拯救社会，拯救众生，拯救自我。

▶一提起孔子，一般人把他当作圣人，道德圣贤。作为一种传统文化符号，你觉得孔子是不是还有不为大众所熟知的个性化的一面？（刘颖迪，延安大学医学院2022级）

确实如此，一提到孔子，要么高高在上，是圣人；要么满口之乎者也，是迂腐的老头儿。其实这都是误解。

孔子是圣人，但他首先是人。他有喜怒哀乐，也有七情六欲。他很幽默，比如他和子游开过玩笑。他脾气不好，曾狠狠地骂过宰予，也骂过司马桓魋。他有时哭得很失态，学生们提醒也不管用。他甚至动手打人，并且骂"老不死的"……

他有音乐天赋。"三百五篇，孔子皆弦歌之。"他会唱歌，会写词，会谱曲，也会各种乐器。

他体育很好。"孔子射于矍相之圃，盖观者如堵墙。"

他吃饭很讲究，这也不吃，那也不吃。"食不厌精，脍不厌细。食饐而餲，鱼馁而肉败，不食；色恶，不食；臭恶，不食；失饪，不食；不时，不食；割不正，不食；不得其酱，不食。肉虽多，不使胜食气。唯酒无量，不及乱。沽酒市脯，不食。不撤姜食，不多食。"

他有时也会看错人。他说："吾以言取人，失之宰予；以貌取人，失之子羽。"

…………

答中学生之问

▶中学阶段,读《论语》应该是以应付考试的心态来读,还是要细细品读?(张暄沂,靖边中学高一年级)

这个问题很有代表性。读《论语》当然是应该细细品读。细细品读也有三境界。第一境界是把论语当成功学来读,第二境界是把《论语》当小说来读,第三境界是把《论语》与佛道经典贯通来读。所有的读者都应该如此,包括高中生、初中生和小学生。可问题是,目前大多数同学是以应付考试的心态来读。

那么又有人问,读《论语》对考试有用吗?回答是肯定的。

一是读《论语》可提高文言文阅读水平。二是读《论语》可积累很多作文素材。三是读《论语》可让你的作文写得很有深度。

这绝对不是夸张,只要你认真研究最近几年的中高考作文,你会发现,几乎每一篇作文,都可以用《论语》中的内容或者思想来完成。至于说小学作文,《论语》中随便一句话,就可扩展成一篇漂亮的作文。

▶同样是问"仁",为什么对不同的学生,孔子的回答不一样?(王浩洋,靖边四中七年级)

看来,你对《论语》比较熟悉。是的,明明是同一个问题,但对不同的学生,孔子的回答是不一样的。对于根性差的,孔子的回答很简单,而对于根性利的,孔子的回答则非常深刻。这正是孔子因材施教的教学理念的体现。

比如,对于什么是"仁",孔子对樊迟的回答就非常简单:爱人。樊迟资质一般,若回答得深刻了,恐怕他不能理解。果然,听了老师的回答,樊迟还是没有完全理解,只好退下来求助于子夏同学。

而对于颜回的回答则深刻多了:克己复礼为仁。颜回是孔门弟子中境界最高的，根性最利的。孔子的这次回答，是《论语》中对"仁"最圆满的解释，当然也是最深刻的解释。但颜回听后，当下即悟，立即说："回虽不敏，请事斯语矣。"意思是说，老师说得对，我马上按您说的去做。

那么，有人会问，"仁"到底是什么意思？难道没有标准答案？说得也对。

"仁"是儒家追求的最高境界，类似于佛家讲的"自性"，道家讲的"道"。道可道，非常道，"仁"是不能用语言来描绘的。

打个比方，如果"仁"是天上的月亮的话，那么，孔子在《论语》中对"仁"的论述其实是指月之手。但遗憾的是，我们绝大多数人，把"指月之手"误以为"月亮"。

"仁"到底是什么？只能自己慢慢悟了。

答小学生之问

▶第一个问题：孔子认为"刚毅木讷近乎仁"，但其中的"木""讷"是否有违于我们现代社会的竞争观，是否已经不适应如今的快节奏生活？第二个问题：孔子说："君子怀德，小人怀土。"思念故土是人之常情，孔子是否过于苛刻？（石佳雪，靖边一小五年级）

从你问的问题来看，你一定读了不少书，而且能深入思考，这对于一名小学生来说，实属难得。

关于你第一个问题，我想说几点。

一是孔子提到的这四种品格都非常了不得。刚，刚强不屈。毅，刚毅果敢。木，质朴无华。讷，少言慎言。按孔子的说法，做到了这几点，也就接近"仁"了。"仁"可不一般啊，"仁"是儒家追求的最高境界。

二是我感觉你对"木""讷"理解有偏差。在你的认知中，你似乎认为"木"呀"讷"呀，一定是呆头呆脑的样子，反应慢，资质一般。而事实上恰恰相反。道家不是说"大智若愚""大巧若拙"吗？这"木""讷"正是大智大巧的表现啊！

三是这种品格仍然适用如今的快节奏社会。诚然，现代社会竞争激烈。但朴实无华的风格、少言慎言的个性不正是这个社会所缺少的吗？

我再回答你第二个问题。同样，我认为你对"怀土"的理解有误。怀，念思也。土，本义土地，比喻身外之物、利益。孔子的这句话道出了君子与小人的区别：君子所思所念的是道德，而小人所思所念的是利益。

怀土，并不是指思念故土。正如你所言，怀念故土是人之常情啊。如果孔子认为怀念故土就是小人的话，那孔子格局也太小了。孔子不也怀念故土吗？当他周游列国离开鲁国时，不也是恋恋不舍吗？当他周游列国十四年后，不也是回到了自己的故土吗？

五、教学篇

> 在部编版初高中语文教材中,《论语》内容均有入选。本篇中,本人尝试用非主流观点予以解读,供广大教师朋友参考。

部编版七年级语文上册《论语》十二章浅易解读

子曰:"学而时习之,不亦说乎?有朋自远方来,不亦乐乎?人不知,而不愠,不亦君子乎?"(《学而》)

译文

孔子说:"学习了,然后按时温习,不也很愉快吗?有志同道合的人从远方来,不也很快乐吗?人家不了解我,并不因此恼怒,不也是君子吗?"

这是《论语》中的第一则。在古代经典著作中,凡是第一篇、第一章、第一句都是非常重要的,当然也是非常深刻的。可以说,理解了它们,也就理解了整本书。

但是,这一则出现在了七年级语文课本中,只能作一些浅显的解读。教材的编写者应该是意识到了这一点,我们从课下注释就可以看出。

当然，为了能更深刻地理解，我们也可以参考其他大家的观点。

比如国学大师南怀瑾就有不同的看法。他认为"学"即做学问。学问不是文字，也不是知识，学问是从人生经验中得来的。对"远方"也有不同的理解。他认为，做学问要不怕寂寞，不怕凄凉。一个人哪怕轰轰烈烈做一辈子学问，也不一定能有一知己。若真有一知己的话，也就死而无憾了。但这个知己是在远方。远方不仅仅是空间概念，也可以是个时间概念，500年之后，或许更长。

那么，万一没有呢？不愠，不怨天尤人。要自己反省，为什么会这样呢？

当然还有更深刻的解读，比如对"学"的解读。"学"，觉也，觉悟的意思。这样一来，整个句子变得就更加深刻了，在此不作赘述。

曾子曰："吾日三省吾身：为人谋而不忠乎？与朋友交而不信乎？传不习乎？"（《学而》）

[译文]

曾子说："我每天多次地反省自己：替别人办事是不是尽心尽力呢？跟朋友交往是不是真诚呢？老师传授的知识是否复习过了呢？"

曾子传承了孔子的学问。为什么他有资格有能力传承，原因很多，这则谈到了一点：反省。

这一点相当重要。反省的目的是改过，圣人之所以能成为圣人，没有别的，就是因为他们善于改过。

《论语》中有一位老者，孔子非常赞叹他，因为他一生都在改过，他就是蘧伯玉。蘧伯玉每一天都反省前一天所犯的错误，力求使今日之我胜过昨日之我。每一年都要反省上一年的不足，到了50岁那年，仍然在反省着之前所犯的错误，所谓"年五十而知四十九年非"。

蘧伯玉比孔子大，但他俩是忘年交。孔子周游列国期间，在卫国待了9年，基本就住在蘧伯玉家。蘧伯玉的思想影响了孔子，同时也开创了道家的"无为而治"思想。

子曰:"吾十有五而志于学,三十而立,四十而不惑,五十而知天命,六十而耳顺,七十而从心所欲,不逾矩。"(《为政》)

译文

孔子说:"我十五岁时有志于做学问,三十岁时有所成就,四十岁时心里不再感到迷惑,五十岁知道天命是什么,六十岁能吸取各种见解而加以容纳,七十岁我就可以随心所欲,但也不会越出规矩。"

这一则中国人耳熟能详。这是孔子的自我报告,是他一生的经验总结。

人们常用王国维人生三境界来类比。

王国维《人间词话》说:"古今之成大事业、大学问者,必经过三种之境界。'昨夜西风凋碧树,独上高楼,望尽天涯路',此第一境也;'衣带渐宽终不悔,为伊消得人憔悴',此第二境也;'众里寻他千百度,蓦然回首,那人却在灯火阑珊处',此第三境也。"

人们也常用佛家三境界来类比:看山是山,看山不是山,看山还是山。

当然,相比而言,孔子的境界说最为深刻。在孔子的表述中,"志于学""而立""不惑""知天命""耳顺""从心所欲"都是非常深奥的哲学名词,在此不进一步展开。

子曰:"温故而知新,可以为师矣。"(《为政》)

译文

孔子说:"在温习旧知识时能有新体会、新发现,就可以做老师了。"

教材注释很浅显,适合七年级这个年龄段。南怀瑾则认为,"温故而知新"说的是"前事不忘,后事之师也"。研究历史经验,可作为当今社会的借鉴。

朱熹的解释则更彻底。他认为,做学问要经常实践,实践过去所学过的,这样才会有新的收获。不落实,仅仅停留在口头上,不是真正的做学问。"记问之学,不足以为人师",说的就是这个意思。

子曰："学而不思则罔，思而不学则殆。"(《为政》)

译文

孔子说："只是读书却不认真思考，就会迷惑；只空想却不读书，就会疑惑。"

这一则谈了学与思的关系。除教材注释外，古人还有很多解释。

如"罔"字，有人注解为“诬罔”。是说我们学圣贤书，不能精思其义，结果学圣人学得不像，甚至行为怪异，结果损害了圣人的形象，而别人还以为圣贤就是你这个样子。

如"殆"字，有人注解为"精神疲殆"，这也很好。只凭自己知见冥思苦想，不去学习圣贤书，就会让人精神疲惫。中医认为，思虑过度，伤及脾胃。脾胃不好，营养肯定不足，精神疲怠在所难免。

子曰："贤哉，回也！一箪食，一瓢饮，在陋巷，人不堪其忧，回也不改其乐。贤哉，回也！"(《雍也》)

译文

孔子说："颜回的品质多么高尚啊！一竹筐饭，一瓢水，住在简陋的巷子里，别人都不能忍受那种困苦，颜回却不改变他自有的快乐。多么高尚啊，颜回！"

子曰："饭疏食饮水，曲肱而枕之，乐亦在其中矣。不义而富且贵，于我如浮云。"(《述而》)

译文

孔子说："吃粗粮，喝冷水，弯着胳膊当枕头，乐趣也就在其中了。用不正当的手段得来的富贵，对于我来讲就像是天上的浮云一样。"

之所以我把这两则放在一起解读，是因为这两则恰好是"孔颜之乐"的出处。如人饮水，冷暖自知，孔子和颜回的快乐，我们凡人无法理解。只有到了他们的境界，才能体会到他们的快乐。他们"非乐贫也，乃乐道也"，一生志于道，不追求外在的物质生活，只注重内在的思想境界的提升。

《论语》可以这样读

子曰:"知之者不如好之者,好之者不如乐之者。"（《雍也》）

译文

孔子说:"懂得某种学问的人不如喜爱它的人,喜爱它的人不如把研究这种学问作为快乐的人。"

这一则讲了求学问的三个层次,或者说三个境界。做学问如此,做任何事都该如此。一旦到了"乐之"的境界,这就如同孔颜之乐了。这则中的"之"到底是什么?从课本注释来看,显然争议很多,解读空间也很大。

子曰:"三人行,必有我师焉:择其善者而从之,其不善者而改之。"（《述而》）

译文

孔子说:"几个人一起走路,其中必定有可以做我老师的人。选取他们的优点而学习,如果也有他们的缺点就加以改正。"

这则讲求学应有的心态。三人,除了自己,还有贤者和不贤者。《论语》中还有一则,"见贤思齐,见不贤而内自省也"可作为本则注解。

但正如南怀瑾所言,人们多半有一种傲慢心理,认为"天大,地大,我大,月亮下面看影子,越看自己越伟大",于是就不愿意向贤者学习了,更不用说不贤者了。

另外,"三人行"的"行"到底指什么?也有人认为是"言行"的"行"。那么这里讲的善与不善不是论人的,是论他的行为的。这种解读符合儒家"人之初,性本善"的观点。

子在川上,曰:"逝者如斯夫!不舍昼夜。"（《子罕》）

译文

孔子在河边感叹道:"时光像流水一样消逝,日夜不停。"

从教材注释来看,这里的"逝者"是指时光,但显然不仅如此。

按南怀瑾观点,这则文学气息非常重,是全部《论语》中最富哲学意味的。

那么"逝者"到底是什么？其实，这个世间的哪样东西哪一个境界不是逝者？不都是像河水一样日夜不停迁流无常？这世间万物哪一样是永恒不变的？

子曰："三军可夺帅也，匹夫不可夺志也。"（《子罕》）

译文

孔子说："一国军队可以改变其主帅；一个人的志向却是不能改变的。"

这一则很好理解。孔子教导我们，一要立志，二要志向坚定。正如孔子，不管遭遇多少苦难，不管别人如何不解甚至误解，但对"道"的追求从来没有停止过。

子夏曰："博学而笃志，切问而近思，仁在其中矣。"（《子张》）

译文

子夏说："广泛学习且能坚定自己的志向，恳切地发问且思考当前的事，仁就在其中了。"

子夏是孔门十哲中文学科的高才生。子夏这个人了不得，被魏文侯延请到西河讲学，名声超过了已去世的孔子。

"志"，教材注释为"志向"，这个解释很好。一个人学习知识后要有志向，且要坚定。志向是什么？当然是志在圣贤。

还有一种解释，"志"通"识"，记的意思。是说一个人学习知识后要记在心里，且要记得牢固。这种解释，境界显然不如教材。

"切"，教材注释为"恳切"，这也很好，这是求学应有的态度。也有人将"切"解释为"急"字，意思是说，有了疑问要赶快请教老师。这个解释是否合理，倒是有一些争议。有一些疑问，是需要自己慢慢品悟，比急于知道答案效果要好得多。

这则《论语》很出名。复旦大学校训即出自于此，朱熹《近思录》的书名也取自本则。

部编版高中语文选择性必修上册《论语》十二章讲义

子曰："君子食无求饱，居无求安，敏于事而慎于言，就有道而正焉，可谓好学也已。"（《学而》）

译文

孔子说："君子饮食不要求饱足，居住不要求安适，行事勤勉且言语谨慎，到有道的人那里去匡正自己，这可以说是好学了。"

这一则选自《学而》，我们都知道，这是第一则"学而时习之"的前两个字。对于这个"学"字，最圆满的解释是"觉也"，也就是"觉悟"的意思。这一则有几点值得我们思考。

第一，"好学"的标准是什么？答案就是这 4 条。由此看来，这里的好学绝不是指学什么知识，绝不是为了应付考试，而是为了思想境界的提升。《论语》中，称得上"好学"的人只有两位。一位是颜回，另一位就是孔子本人了，可见好学是成圣成贤的基本条件之一。

第二，君子的境界是什么？就这 4 点。他们不追求外在的物质生活，只注重思想境界的提升。《论语》中，有两个人最为典型。一位是颜回，另一位也是孔子本人。为什么呢？因为他们"志于道"。儒家是这样的，道家和佛家也是这样。庄子生活条件也很苦，常常饿得面黄肌瘦，有时连饭都吃不上，只得向监河侯借米，但也遭婉拒。佛家更是如此，他们过午不食，吃饭也不讲究。《金刚经》开篇写道："世尊食时着衣持钵，入舍卫大城乞食……"

第三，君子必须不断提升——就有道而正焉。有道，指的是悟道之人。《论语》开篇第一句，"有朋自远方来，不亦乐乎？"朋友从远方来匡正自己,相互切磋,是多么快乐的一件事。最典型的例子要算慧能了。

慧能三岁时,父亲因病早逝,留下母子二人相依为命,靠卖柴维持生计,生活非常艰难困苦。慧能24岁那年,有一日挑柴送到顾客的店中,碰巧有一位客人在店内诵经,他就合掌在旁边静静地听着,听着听着就感觉有所领悟。等客人诵经完毕,他就问客人读的什么经?客人说是《金刚经》。他急忙问:"从哪里可以得到这部经?为何持诵此经?"客人告诉他,黄梅县东禅寺的五祖弘忍大师,为弟子传授《金刚经》,经是从那里请来的。五祖说无论僧俗,只要精进持诵《金刚经》,就能见到自性,了悟成佛。

慧能听后激动不已,心想无论如何,一定要皈依五祖老和尚。店中有一客人,非常赞赏他的求道之心,送给他十两银子,让他将母亲的生活安排好。慧能忍痛拜别慈母,怀着强烈的信心和激动的心情,经过三十天的长途跋涉,终于来到了黄梅。

慧能来到五祖座前顶礼,五祖淡淡地问道:"你从哪里来呀?来这里想求些什么?"惠能答道:"我从岭南来,不求其他,只求作佛。"

慧能一生说法的言教,后被整理成《坛经》并流传至今,《坛经》又叫《六祖坛经》。

慧能一生度了无数人,从一个不识字的樵夫,成为享誉青史的一代宗师。

子曰:"人而不仁,如礼何?人而不仁,如乐何?"(《八佾》)

译文

孔子说:"一个人如果没有仁德,怎样对待礼呢?一个人如果没有仁德,怎样对待音乐呢?"

这一则一定要注意三个概念:仁、礼、乐。"仁"是最重要的,"礼"和"乐"都是仁的外在表现。可以这样说,整部《论语》其实就是讲一个"仁"字。"仁"是儒家追求的最高境界,类似于道家讲的"道",佛家讲

《论语》可以这样读

的"自性"。

这一则选自《八佾》。古代舞蹈奏乐，八个人为一行，这一行叫一佾。八佾是八行，八八六十四人，只有天子才能用。诸侯用六佾，即六行，四十八人。大夫用四佾，三十二人。

鲁国有位权臣，叫季平子，是位大夫。他飞扬跋扈，目中无君，竟然在自家用64人奏乐舞蹈。孔子非常生气，说："八佾舞于庭，是可忍也，孰不可忍也！"意思是说，季平子这都可以狠心做出来，什么事不可以狠心做出来呢？果然，这个季平子后来把国君赶出鲁国，自己独揽大权。

这则《论语》字面意思很简单，季平子的事例恰恰说明了这一点。季平子表面上礼呀乐呀，但内心没有仁德。或者说，季平子内心没有仁德，也就不能正确对待礼乐了。

子曰："朝闻道，夕死可矣。"（《里仁》）

【译文】

孔子说："早晨得知真理，当晚死去都可以啊。"

这一则似乎很简单，意思是说，早上得知真理，当晚死去都可以啊。这体现了儒家对真理的渴求以及对学道的坚定志向。

但是，你真的能完全接受吗？

问题的关键是对"道"的理解。"道"是什么？"道"指的是宇宙人生的真相：真正的"你"（自性）是不会死去的，死去的是你的臭皮囊。

这样一来，这句话就好理解。早上懂了宇宙人生真相，就是晚上死去也不怕了，因为"你"其实没有死。

读《论语》，要与佛道经典贯通来读，这样解读才更圆满。

子曰："君子喻于义，小人喻于利。"（《里仁》）

【译文】

孔子说："君子知晓的是义，小人知晓的是利。"

这则很简单，说的是区分君子与小人的标准：君子心里想的是义，小人心里想的是利。

注意这个"喻"字很妙。

君子心里想的是义，但做出来的事有时让人感觉很"自私"，但这不妨碍他是君子。

小人心里想的是利，但做出来的事有时让人感觉是"为公"，但这并不妨碍他是小人。

古人说："'喻'字，形容君子小人心事，曲尽其致。"

子曰："见贤思齐焉，见不贤而内自省也。"（《里仁》）

译文

孔子说："看见贤者，便应该想着向他看齐；看见不贤的人，便应该反省自己（有没有同他类似的毛病）。"

这一则很有味儿，儒家认为学习无处不在，贤者可以向他学习，不贤者也可以警示自己，并且学习的目的是提高自身修养。

孔子说，三人行，必有我师焉。三人指的是哪三个人？一个是自己，一个是贤者，一个是不贤者。

佛门中有则口诀，"尽大地无不是药"，说的也是这个道理。

子曰："质胜文则野，文胜质则史。文质彬彬，然后君子。"（《雍也》）

译文

孔子说："质朴超过文采就会粗野鄙俗，文采超过质朴就会虚饰浮夸。文质兼备，配合适当，这才是君子。"

这一则讲了质和文的关系。

做人方面讲，儒家讲求人内心要真实朴素，待人接物要有礼有节，说话办事要有修养。

作文方面讲，中国文学向来注重内容与形式的统一。以"赋"的发展为例，骈赋、律赋明显文胜质，故而接着产生了文赋，力求内容与形式的协调发展。

贝壳安卧在松软的滩头，无所希望，也无所祈求。徒具一副五光十色的外表，头脑却空虚得一无所有。

这首小诗，也可以作为本则的注解。

曾子曰："士不可以不弘毅，任重而道远。仁以为己任，不亦重乎？死而后已，不亦远乎？"（《泰伯》）

[译文]

曾子说："士不可以不志向远大，意志坚强，因为他们责任重大，路途遥远。把实现仁道作为自己的责任，这不是很重大吗？一直到死方才停止，这不是很遥远吗？"

这句话很有感染力。读书人应该怎么样曾子给了我们很好的示范：要志向远大，意志坚强。

曾子传承了孔子的学问。孔子为什么选定曾子做接班人，我觉得有以下几点。

一是曾子的孝。做孔子接班人其实就是要传承孔门心法，不同于世间学问，传承者必须要有特别的禀赋。中国传统观念始终认为，所谓成仙成佛，都是出于大忠大孝之人。儒家也好，佛家也好，很多理论都是以"孝"为基础的，可以说"孝"是众妙之门。至孝之人有善根，易开悟。孔子选中曾子，并亲传《孝经》，看来并不是偶然的。

二是曾子的鲁。"参也鲁"，这是孔子对曾参的评价。鲁，钝也，论者多以"鲁"为贬义，我看不然。曾子之鲁与颜回之愚，同为大境界。"聪明乃障道之藩屏"，看似"鲁"或"愚"，实则心无妄念，内心清净。心净则心静，《大学》有云："静而后能安，安而后能虑，虑而后能得。"心法的传承不同于世间法的传承，世间的世智聪辩根本无力承担这一重任。曾子看似愚鲁，实则具有般若智慧。

三是曾子守礼。孔子一生都在维护周礼，曾子对礼的坚守让孔子很放心。

五、教学篇

曾子避席的故事就发生在曾子和孔子之间。

曾子有一次在孔子身边侍坐,孔子就问他:"以前的圣贤之王有至高无上的德行,精要奥妙的理论,用来教导天下之人,人们就能和睦相处,君王和臣下之间也没有不满,你知道它们是什么吗?"曾子听了,明白老师孔子是要指点他最深刻的道理,于是立刻从坐着的席子上站起来,走到席子外面,恭恭敬敬地说道:"我不够聪明,哪里能知道,还请老师把这些道理教给我。"

在这里,"避席"是一种非常礼貌的行为,当曾子听到老师要向他传授时,他站起身来,走到席子外向老师请教,是为了表示他对老师的尊重。曾子懂礼的故事被后人传诵,很多人都向他学习。

曾子换席的故事发生在曾子临终前。曾子卧病在床,病得很厉害。他的弟子乐正子春坐在床下,他的儿子曾元、曾申坐在脚旁。一个小孩子坐在角落里,手执火炬。小孩子看到曾子身下的竹席,便说:"多么漂亮光滑呀!是大夫用的竹席吧?"子春说:"别作声!"曾子听到了,猛然惊醒过来,有气无力地出了口气。小孩子又说:"多么漂亮光滑呀!是大夫用的竹席吧?"曾子说:"是的。这是季孙氏送的,我因为病重,未能把它换掉。元呀,起来把席子换掉!"曾元说:"您老人家的病已经很危险了,不可以移动,希望能等到天亮,再为您换掉它。"曾子说:"你爱我的心意还不如那个小孩子。君子的爱人,是考虑如何成全他的美德;小人的爱人,则是考虑如何让他苟且偷安。此刻我还求什么呢?我能够合乎礼仪地死去,我的愿望就满足了。"于是,他们抬起曾子换席,换过后再把曾子放回席上,还没有放好,曾子就断气了。

可以看出,曾子是一个视守礼法甚于生命的人,他以身护礼,言行一致,能完全遵循孔子的主张。

四是曾子的内省。儒家强调内省,意在塑造理想人格。具体来讲,内省的目的在于"使良心常在",即让"仁"义"礼""智""信"等时时

"主宰"内心。因为，若心中无此"主宰"，则"私意"就会乘虚而入，而内省可以排斥和克服"私意"，内省的最终目的是让自己成为君子或圣人。

五是曾子"志于道"。曾子的志向是"以仁为己任"。仁就是道啊，能明确提出自己志向是道，《论语》中除了孔子，大概就是曾子了吧。

子曰："譬如为山，未成一篑，止，吾止也。譬如平地，虽覆一篑，进，吾往也。"（《子罕》）

译文

孔子说："好比积土堆山，只差一筐土没有成功，停下来，是我自己停下来的。好比填平洼地，虽然才倒了一筐土，但继续堆下去，那是我自己在往前努力。"

这则好理解。用了两个比喻，来说明做人做学问做事情应该有的态度：要自己坚持，不能半途而废。

孔子周游列国期间，遭遇了很多苦难，陈蔡绝粮、匡地被围等等，但孔子和他的弟子们还是坚持下来了。

子曰："知者不惑，仁者不忧，勇者不惧。"（《子罕》）

译文

孔子说："聪明的人不迷惑，仁德的人不忧愁，勇敢的人不畏惧。"

这一则似乎很简单，在《论语》中越简单的句子往往越难解释。

古人评论说："三个者字，只是一人，不是三个人也。"

智者，有智慧的人，佛经翻译成"般若"，指大彻大悟之人，既然如此，肯定不迷惑了。

智者肯定是仁者，也肯定是勇者，哪还有什么忧愁的事和担心的事呢？

颜渊问仁。子曰："克己复礼为仁。一日克己复礼，天下归仁焉。为仁由己，而由人乎哉？"颜渊曰："请问其目。"子曰："非礼勿视，非

礼勿听,非礼勿言,非礼勿动。"颜渊曰:"回虽不敏,请事斯语矣。"(《颜渊》)

译文

颜渊问仁德。孔子说:"约束自我,使言行归复于先王之礼,这就是仁。一旦做到这样了,天下人就会称赞你是个仁人了。实践仁德在于自己,哪里在于别人呢?"颜渊说:"请问行仁德的具体条目。"孔子说:"不合礼的事不看,不合礼的话不听,不合礼的话不说,不合礼的事不做。"颜渊说:"我虽然不聪敏,让我实践您这话吧。"

这则很深刻。《论语》中,问"仁"的学生很多,但对不同的学生,孔子的回答是不一样的。对于根性差的,孔子的回答很简单,而对于根性利的,孔子的回答则非常深刻。这正是孔子因材施教的教学理念的体现。比如,对于什么是"仁",孔子对樊迟的回答就非常简单:爱人。樊迟资质一般,若回答得深刻了,恐怕他不能理解。果然,听了老师的回答,樊迟还是没有完全理解,只好退下来求助于子夏同学。而对于颜回的回答则深刻多了:克己复礼为仁。颜回是孔门弟子中境界最高的,根性最利的。孔子的这次回答,是《论语》中对"仁"最圆满的解释,当然也是最深刻的解释。但颜回听后,当下即悟,立即说:"回虽不敏,请事斯语矣。"意思是说,老师说得对,我马上按您说的去做。那么,有人会问,"仁"到底是什么意思?难道没有标准答案?说得也对。"仁"是儒家追求的最高境界,类似于佛家讲的"自性",道家讲的"道"。道可道,非常道,"仁"是不能用语言来描绘的。打个比方,如果"仁"是天上的月亮的话,那么,孔子在《论语》中对"仁"的论述其实是指月之手。但遗憾的是,我们绝大多数人,把"指月之手"误以为"月亮"。"仁"到底是什么?只能自己慢慢悟了。

当然,克己复礼,是指克制自己的私欲,内心到了一种没有任何起心动念的境界。

这则《论语》也可以看出颜回的谦虚与诚敬心。这两种品质是一个人取得成就的关键。

关于谦虚，《易经》中专门有一卦讲它的好处。

这则也可以看出颜回的根性不一般。孔子本打算把学问传给他，但可惜他英年早逝。颜回去世后，孔子痛苦万分，哭得很失态。

学习这一则，求学者尤其是学生一定要学习颜回的品质，这才是学霸该有的样子。

子贡问曰："有一言而可以终身行之者乎？"子曰："其恕乎！己所不欲，勿施于人。"（《卫灵公》）

[译文]

子贡问道："有一个字而可以去终身实践它吗？"孔子说："大概是'恕'吧！自己所不想要的任何事物，就不要强加给别人。"

子贡也是孔子的得意门生，他口才好，是春秋战国时代顶尖外交家，曾在外交舞台上纵横捭阖，留下过浓墨重彩的华章。

子贡是个生意人，是儒商之祖。他很有经商头脑，连孔子也非常佩服。子贡家累千金，富可敌国。但他诚信经商，从不做坑蒙拐骗的事。因子贡复姓端木，因此后人把子贡诚信经商的传统概括为"端木遗风"。

生意人讲求现实，提问题很直接。他就问老师，有没有一个字而值得一个人终身实践？

孔子果然回答了一个字：恕。

这个"恕"字了不得。有宗教学家研究了世界上的大多数宗教，发现这个"恕"字是各种宗教所共同提倡的。

有一副对联说得很好，非常完美地概括了这一则和上一则。

谦卦六爻皆吉，恕字终身可行。

子曰："小子何莫学夫诗？诗，可以兴，可以观，可以群，可以怨。

迩之事父，远之事君；多识于鸟兽草木之名。"(《阳货》)

译文

孔子说："学生们为什么没有人学习诗呢？读诗，可以激发人的感情，可以观察政治的得失、风俗的盛衰，可以提高人际交往能力，可以讽刺时政。近可用于侍奉父母，远可用于侍奉君主；还可以认识不少鸟兽草木的名称。"

这一则被引用的频率很高，其中谈到了读书的好处。

今人有言，"你的气质里藏着你读过的书，走过的路"，不知引起多少人的共鸣。但与《论语》中的这则对比，还是逊色不少。

六、讲座篇

> 本篇收录了本人部分《论语》讲座的讲稿，内容看似分散，实则完整地呈现了我的"读《论语》的三境界"说。

《论语》中的求学之道

——在榆林市靖边县读书协会"周末大讲坛"上的讲座

各位书友：

大家上午好！上次讲座结束后，很多家长和我进行了深度交流，并要求我针对学生及家长再做一次《论语》讲座，我欣然应允。在上次讲座中，我曾提出读《论语》的三个境界。第一境界就是把《论语》当成功学来读。这是一种功利的读书态度。因每个人的身份不同，读《论语》关注的角度就不同。那么，作为学生，我们可以从哪个角度来读呢？当然可以从"求学之道"这个角度来读。因此，我本次讲座的题目是：《〈论语〉中的求学之道》。

各位书友，在正式讲座之前，我想给各位插讲一件事情。六年前我儿子刚上初中，我们几个志同道合的家长组建了一个《论语》班，计划在三年之内将《论语》精读一遍。方式是这样的，平时孩子们自读，每个周末抽出一小时由我统一指导。没有想到的是，我们真的坚持下来了。本来计划三年完成的读书活动，其实两年半我们就完成了，因为最后半年孩子们面临中考，时间相对比较紧张。我想，在座的家长可能要问，这些学生读《论语》有没有获益？我不知道如何回答这个问题。因为读《论语》是否获益，要有一定的评价标准，并且还要分从长远来看，还是从短期来看。我先不回答这个问题，我先让大家看看孩子们在学完《论语》后的心得报告。

我们先看第一篇。

经典的力量

孔门学说及儒家思想曾经一度遭人误解，被认为是封建王朝用来统治人民的工具，历史上也曾掀起过"打倒孔家店"的热潮。虽说也算是进步思想的体现，可其本质原因就是人们没有认清孔子，没有理解儒家思想的内涵，将其中的糟粕看作全部，而忽视了其中的精华。而想要真正弘扬传统文化，就必须摆脱错误观念的束缚，用心去感受经典的温度。

从最功利的角度讲，它就是教你如何为人处世、修身养性的。它会告诉你许多道理，可以或不可以做什么。你可以把它看作人生的参考书，我们依照"君子"这一标准生活，就会逐步地接近完美的人生。同时它也给那些失意的人指明了方向，让他们在人生的困难中有信仰的力量支撑，不会因为失去了人生的目标而倒下，会坚持朝着信仰的方向前进。

可经典的力量绝不仅仅于此。在"打倒孔家店"和推翻儒家思想的浪潮中，儒家思想似磐石般岿然不动，它并没有失掉往日的光辉。这是因为经典不会因为时代和环境的变化而失去自身意义。它始终站在时代的最前沿，引领着一代代国人的思想。它就是最深厚的文化积淀，让中国在无论什么时候都有文化力量。世界上文化没有断根的只有中国，中国的道路自信、理论自信、制度自信，其本质就是建立在五千多年文明传承基础上的文化自信。这种文化自信给中国人强大的凝聚力，这种力量是不可忽视的。有了精神的支持，人民就不会迷失方向，国家就不会动摇根基，社会就不会混乱无序。

经典是让人觉悟的。在少年时期学习经典，就算不完全理解，但总会在某一天迸发出来，振荡着内心世界，彻底地让你明心见性、洞察天机。它给你的人生带来的精神体验，是让人欣喜的。当你真正地理解了经典，你也就认识了你自己。经典的力量不仅仅内化于心，同时还外化于行，它让你整个人的生命都得到升华！

孔子的肉体已经不复存在，而孔子的精神却永不泯灭，经典的力量也不会消失。"天不生仲尼，万古如长夜"，儒家经典如同漫漫黑夜中的明灯，指引着人们走向光明，走向未来。

这篇作文紧扣题目，深刻地阐释了经典的力量。在文章中，他提到经典是让人觉悟的，非常深刻！该同学在初高中读书时就名列前茅，现就读于北京航空航天大学。

我们再看下一篇。

粗窥《论语》

曾经有那么几个人，将孔子的一言一行，记录在了一本书上，这本书就叫《论语》。

《论语》写了什么？写了治理国家的思想，写了人性与理想，写了孔子的喜怒哀乐。

对于治理国家，应先从自身做起。修身、齐家、治国、平天下。若自身无过硬的本领，连自律都做不到，又谈何治国！修身可以说是养性，什么是养性？陶冶情操就是养性。静下心来，读一会儿书也叫养性。等修完身，便有了治理天下的胸怀及本领，那时就可进入仕途了。

关于人性与理想，孔子认为"人性本善"。善不仅仅是善良，更是温良恭俭让。不是对每个人都面带笑容，而是因人而异。就像书中所说的，孔子对子路是常常斥责，对子贡是一个端庄的老师，对颜回是一个渊博的学者。所以颜回才叹道，老师就像一座高大雕像，只能仰视，虽欲从之，末由也已。

书中还有对孔子情绪的记载，也就是他的喜怒哀乐。夫子之喜，喜于身边的一群有潜力的学生，喜于还有人悟到道，喜于世上虽乱，可还有圣人存在。夫子之怒，怒于下对上的忤逆，怒于一些人之不礼，怒于一些人的不争气。夫子之哀，哀于自身有本事却无人任用，哀于君主没有君主的威严，哀于礼崩乐坏。夫子之乐，乐于弟子中还有人有兼济天下的才能，乐于传道，乐于世上总还有那么几个人了解他，让他还不至于感到孤独。

孔子的一生，虽没有李白的洒脱，但多了几分豪情。虽没有杜甫的忧愁，但多了几分痛苦。虽没有比干那样的遭遇，但内心的自责却远高于比干。虽没有陶渊明的悠闲，但多了几分从容不迫的优雅。

这位同学认对《论语》概括是准确全面的，文章思路清晰，且有个人独立见解。该同学（王宇）目前就读于咸阳师范学院，是我儿子。

我们再看下一篇。

请让我真心唤你为"圣人"

《论语》是不会被世人彻底"读"完的。我只略读一二，竟觉得已然经历了孔子曾经历过的一切。说实话，尽管圣人的心境太难理解，我却莫名对孔子你啊，产生了或喜或悲的种种感受。

一、在你的道上孤独前行

从孔子带着心酸和热情周游列国开始，到被无数人拒绝，再到颜回早早地夭折，孔子啊，你终于哭了。你不被人理解，那为什么还死死守着你的道？因为百姓和天下占据了你的心。那你又为什么恸哭？因为你盼了许久的可救百姓于水火之中的似乎唯一能理解你的颜回竟就这样肩负着沉甸甸的使命先走了。谁来救国家！那些在看清社会黑暗后选择用隐居来逃避现实的道家，他们居然笑你，轻视你啊！岂不知那是他们境界太低，他们明白不了你对建立"大同社会"的执着啊！我听着你在数次碰壁后，发出近乎哀求老天的感叹，真恨不得横跨数千年时光，竭尽气力向你吼出"德不孤，必有邻"啊！

二、在你的道上守望奇迹

"坚定地相信我们的道，努力学习它，誓死保全它。"这句话被你说出时，掷地有声。我感受到了你遗世而独立的守望。至于你，你又何尝不了解当时无药可救的社会？你曾向子路吐露心声："我们的政治主张行不通，早就知道了。""知其不可而为之"，你是否也守着自己的道，执着地等待奇迹的出现呢？幸好，你当年所盼望的奇迹在如今正一一实现。感谢你让我相信，没有到达不了的明天。

三、在你的道上真心呼唤

孔子啊，你知不知道，现在的社会很多人理解你，也有很多人认为你的思想已过时。但真正有智慧的人，感慨万千：你高似围墙的境界"凡人"是无法一览无余的。《论语》中饱含你太多思想、感情、观念，完全可以传承到未来的未来。你的一部分至理名言如今已被"认证"，一定会有那么一天，这宇宙中的所有人会懂你，懂你的孤独，懂你的用心良苦，懂你的周游列国，懂你的大同社会，懂你的许许多多。他们会被那时完美无瑕的世界所震撼："这就是圣人孔子脑海里营造出的奇迹啊！"

孔子啊，我想真心唤你一声"圣人！"

这篇作文抒情味相当浓，语言也很有文采。写出了对孔子的种种感受，字里行间流露出对孔子的崇拜之情。该同学目前就读于西安理工大学。

我们再看下一篇。

六、讲座篇

圣人

一

　　季氏的管家阳货经常为非作歹，孔子相当讨厌他。阳货想让孔子去拜访他，孔子当然不去。他知道孔子是个重视礼的人，便送他一只蒸熟了的小猪，这样一来孔子便非去不可了。但孔夫子十分有智慧，打听到阳货不在家时，便跑去道谢，谁知两人偏偏在路上遇到了。阳货叫他过来，开始以"诚恳"的语气说："自己有一身的本领，却听任着国家的事情一塌糊涂，可以叫作仁爱吗？"他以为戳中了孔子的软肋，便深情地自问自答道："不可以！"紧接着又严肃地说："一个人喜欢做官，却屡屡错过机会，可以叫作聪明吗？"又深情地自问自答道："不可以！"见阳货陶醉于自己的完美表现中，一脸不屑的孔子把嘴一撇，敷衍道："好吧，我准备做官了。"

二

　　陈亢在路上碰到孔子的儿子伯鱼，便问他："你从你爸那里听到过什么特殊的教诲吗？"伯鱼说："没有。有一次他独自站着，我快步走过，他叫住我问：'学《诗》了吗？不学《诗》就不懂怎么说话。'他还告诉我：'不学《礼》就不懂怎么立身。'"陈亢以为又懂得了新的道理，喜洋洋地回去了。后人对这个傻乎乎的陈亢的评价是：未得谓得。

三

　　孔子有事去找原壤，见原壤大大咧咧地坐在地上，两腿之间的夹角还不小，看上去活像一个"八"字。孔子勃然大怒，大骂起来："小的时候不懂礼节，长大了也没有贡献，老了还浪费粮食，真是个害人的东西！"一杖打将过去，打得原壤再也不敢在公共场合如此失态。同样地，孔子在上课睡觉的宰予面前也是雷霆震怒："朽烂的木头，再怎么雕琢也成不了器！"后来，在孔子三千弟子中言语科名列前茅的"优等生"宰予，对孔子的评价相当高，几乎到了逢人便夸的地步。

四

孔子从王后南子的居所出来，子路跺着脚骂他贪求美色，竟做不仁不义、趋炎附势的事。孔子也不回骂，而是向天发誓道："我要是做了那种事，就让五雷轰顶，叫天神来惩罚我吧！"连说了两遍。

五

叶公向子路打听孔子的为人，子路嘴笨，只好一言不发。孔子听了说："你为什么不说，他这个人是个乐天派，爱学习，从来不觉得自己像个正在落山的太阳一样。"的确，孔子就是这样的人。

这篇作文语言风趣，完美地再现了《论语》中几个精彩的片段。没有对《论语》的深度阅读，是写不出这样生动的文章。该同学目前就读于中国科学院大学。

我们再看最后一篇。

我与孔子

"逝者如斯夫，不舍昼夜。"眨眼之间，三年的光阴似泥鳅般从我手中滑走。恍恍惚惚，忆起曾经……

昨夜西风凋碧树，独上高楼，望尽天涯路

国学，一个陌生的名词。我脑海中立刻浮现出一个画面：一个严厉刻板的老师拿着书本，下面学生呆滞茫然。初一时的我，还很迷茫，心中的疑惑却不时冒出：究竟为什么学习《论语》？对孔子的最初印象，也认为他就是一个迂腐的老者。但随着时间的推移，随着对《论语》的深入学习，一个爱恨分明有血有肉的孔子形象渐渐鲜活起来，我越来越喜欢上国学课了。"吾十有五而志于学"，孔子十五岁就立志学习，那么此时13岁的我也应志向高远，发奋读书。虽然我眼前的路依旧模糊，但隐隐约约，已显出点点光亮。

　　衣带渐宽终不悔，为伊消得人憔悴

　　期末考试结束，相较于期中，一下子滑了40多个名次。父母虽未多言，但眼底的失望却直抵我心。我深知自己这次的失败，既有骄傲的原因，也有懒惰的原因。是夜，轻轻地叹息，无意中翻开《论语》，用心体味着。孔子为传播自己的思想，带着普度天下苍生的心愿周游列国，却无人重用，甚至还被人称为丧家之犬。可孔子毫不在意，该弹琴弹琴，该自嘲自嘲，该学习学习，不曾受到干扰。这几日，我总觉得同学、邻居的目光都带着刺，带着轻蔑和嘲笑。每当想脚踏实地地学习，却又心不在焉。我苦恼着，同时厌恶着这样的自己。此刻，多日的烦恼已烟消云散。我掏出笔和本子，一笔一画写下计划，认真着，坚持着。固然疲惫，固然劳累，固然曾想过放弃，但仍应继续努力，像孔子一样。我，无悔。心中顿生出"头悬梁，锥刺股"的豪情来。我，无惧失败。

　　众里寻他千百度，蓦然回首，那人却在灯火阑珊处

　　考试临近，同学们或嘻嘻哈哈，或埋头苦学。这几日，已明显感觉到几个学习尖子铆足了劲，准备在这次考试中一雪前耻。"你买卷子了吗？""你复习政史了吗？"一句句紧张的询问，令我也变得焦躁起来。而此时脑海中隐约浮现出一个身影。他立于湖畔，低声吟诵："学而时习之，不亦说乎？"我跟着吟诵，考试前的慌乱不安被抛到九霄云外。最后一场考试结束，一身轻松。成绩出来了，全级第九。

　　这篇作文文笔优美，精彩地记录了自己学《论语》的心路历程。可以看出，《论语》已成为这位同学人生路上的良师益友。该同学目前就读于榆林学院。

　　各位书友，我就不全部列举他们的作品了。但我可以自豪地说，《论语》班的每一位同学对《论语》的认识、对孔子的理解，远远超出同龄人的水平。

《论语》可以这样读

各位书友，我想说的是，读《论语》没有错。读《论语》的益处，不仅仅是能写好作文，更重要的是能让我们做个好人。

好吧，我们言归正传，继续讲我们本次的话题。

读《论语》，我们能读出什么求学之道？我认为至少能读出两点：一是让我们明白好学生的标准是什么，二是让我们明白如何才能成为好学生。

我们先讲第一点。好学生的标准究竟是什么，孔子没有明确说出，但《论语》中的一则记录给了我们很大的启发。

德行：颜渊，闵子骞，冉伯牛，仲弓。

言语：宰我，子贡。

政事：冉有，季路。

文学：子游，子夏。

这就是所谓的孔门十哲。在这里，孔子把自己的学生归了类，并列举了代表性的人物。那么这能说明什么呢？这说明在孔子看来，好学生必须做到以下几点：

首先是品德好。这是最重要的，也是最基本的。从古到今，中国人十分重视个人品德的培养。在古人看来，只有品德好了，才会有所谓的齐家、治国、平天下，否则一切都是空谈。《大学》中也说，"自天子以至于庶人，壹是皆以修身为本"。意思是说，上至国家元首，下至平民百姓，人人都要以修养品性为根本。看来，孔子把德行放在第一位是大有深意的。现代社会更是注重品德的培养，"立德树人"已成为现代教育的根本任务。作为学生，必须明白先成人后成才的道理。如果品德不好，即使你们将来考上名牌大学，也是不受社会欢迎的。诗人但丁说过，道德常常能填补智慧的缺陷，而智慧却永远填补不了道德的缺陷。

其次要语言表达好。这里的"言语"，既包括口头表达，也包括书面表达。敢于发言，敢于质疑，语言组织能力强，且表达得体，这样的学生老师是很喜欢的。孔子列举的宰予，喜欢提一些刁钻的问题，并且敢于质疑。书面表达也要出色，就像子贡说话一样有文采，要么引经据典，要么巧用修辞，这样的文章感染力一定是很强的。

再次要能力强。孔子说的"政事"，对学生而言，主要指学习能力与社交能力。学习能力强的同学，学起来很轻松，但成绩往往很优秀，这是很多同学求之不得的。社交能力也很重要，在校期间要与老师同学相处，走上社会要与更多的人交往。但我们有的同学虽然成绩好，但不善于交往，走上社会注定要吃亏。孔子列举的这两位同学，能力出众，可谓叱咤风云。

最后还要知识渊博。这里所说的"文学"，主要指的是文献方面的知识。自然而然，在这方面有特长，那就意味着知识渊博。孔子把这一点放在了最后，是不是出人意料？一点也不。在孔子看来，知识渊博固然重要，但不是最重要的。孔子列举的这两位同学，子游被称为"南方夫子"，子夏被魏文侯延请到西河讲学，可谓知识渊博、学富五车啊！

各位书友，读《论语》需要有一定的悟性。《论语》中的这则简短的记录，若不做深度思考，则索然无味。其实这里面蕴藏着孔子的智慧呀。他让我们明白了好学生的标准是：品德高尚、表达得体、能力出众、知识渊博。

我们再讲第二点，如何才能成为好学生？通读《论语》，我觉得应做到以下几个方面。

一是要谦虚。孔门弟子中，颜回境界最高，但他却非常谦虚。他从不张扬，也从不出风头，有时甚至表现得不够积极，他只是老老实实地按照老师说的去做。他经常说的一句话就是"回虽不敏，请事斯语矣"，意思是说，我虽然不聪敏，请让我照这些话去做。

谦虚，做人应该具备的美德，做学问更是如此。古人说，"学问深时意气平"，是说一个人学问越好，往往表现得越平和。作为学生，我们必须牢记这一点。不管自己成绩有多好，绝不能骄傲自满。多年的教学实践证明，这样的学生往往是没有出息的。孔子也说过："如有周公之才之美，使骄且吝，其余不足观也已。"意思是说，即使有周公那样美好的才能，如果骄傲而吝啬的话，那其他方面也就不值得一提了。看来孔子是绝对不允许自己的学生骄傲的。

关于谦虚，《易经》中有一卦叫谦卦，专门讲了谦虚的好处。在六十四卦中，谦卦是唯一一个六爻全吉的卦。可见，古人认为，一个人如果谦虚了，一切都会吉祥如意的。

二是要有诚敬心。要像颜回一样，对老师要绝对恭敬。现代社会，由于各种原因，一些学生甚至家长对老师不够恭敬，诚敬心严重不足。印光大师说过："一分诚敬得一分利益，十分诚敬得十分利益。"颜回刚和老师学习时，少正卯和孔子争弟子，"孔子之门，三盈三虚，唯颜渊不去"。学有所成后，他又说，老师的学问"仰之弥高，钻之弥坚。瞻之在前，忽焉在后"，对老师诚敬心溢于言表。

三是要学思结合。"学而不思则罔，思而不学则殆"，这是孔子明确指出的。有的同学不爱思考，喜欢老师一言堂、满堂灌，看似学得轻松，实则根本没有把知识内化于心。有的同学则相反，只是一味地空想，而不实实在在地钻研学习，这就如同沙上建塔，一无所得。学习与思考是相辅相成的，缺一不可。

四是要反复实践。《论语》中第一则就说，"学而时习之"，意思是说，学习要经常实践。这其实有两层含义，一是实践是学习的手段之一，只有通过实践，才能真正地理解课本或老师所讲的知识。二是实践是学习的目的，学习不仅是为了考试，而是能运用到生活中。作为学生，要知行合一，要理论联系实际，不能做高分低能的书呆子。

各位书友，我们还能列举出更多的求学之道，时间关系，今天就不再展开了。孔子弟子之所以如此优秀，除孔子的教导外，与弟子们的个人努力也是分不开的。作为学生，我们应该向他们学习，向他们看齐，学习他们的求学之道，更要学习他们的做人之道。

好，今天讲座到此结束，再次感谢各位，我们下次再见！

《论语》中的教学之道

——在靖边中学语文教研组组会上的发言

各位同事：

今天我发言的题目是《＜论语＞中的教学之道》。我曾说过，读《论语》有三境界，把《论语》当成功学来读是第一境界，这是一种功利的读书态度。因每个人的身份不同，读《论语》关注的角度就不同。那么作为老师，我们可以从哪个角度来读呢？当然是孔子的教学之道。

孔子是万世师表，至圣先师，向他学习教学之道是理所当然的。如何学习呢？只能通过精读《论语》方式来学习。

我个人一直认为，《论语》就是孔子的课堂实录，精读《论语》的过程就是观摩孔子课堂的过程。通过精读，我们会发现，《论语》里蕴藏着孔子他老人家高深的教学智慧，今天我主要谈谈启发式教学。

启发式教学是一种先进的教学方式，完全体现了"以学生为主体，教师为主导"的教学理念。在座的大多数老师都经历过多次教改，我们会发现，凡是与孔子这一理念相同的课改都是成功的，凡是有悖于这一理念的课改都是瞎折腾。

孔子从来不搞填鸭式教学。各位同事，我们都是一线教师，我们是不是深有体会，如果我们总是一言堂或者满堂灌，我们的课堂一定是死气沉沉的，学生一定是昏昏欲睡的。反之，若我们精心设计问题，采用启发式教学，我们的课堂一定是异常活跃的。这是因为我们最大限度地体现出了学生的主体性。

巧合的是，古今中外的大圣人们，都不约而同地采用了启发式教学。除了孔子，佛陀、苏格拉底等莫不如此。

我们组有很多年轻教师，平时交流时常说，总感觉自己课堂上有说不完的话，学生参与的机会很少。我觉得这是年轻教师的通病，这种现象应该改变。这种理念是与孔子的理念背道而驰的，这说明我们不善于启发学生。

各位同事，要进行启发式教学，体现学生的主体性，我们必须善于引导学生。孔子在这方面做得相当好，他说："不愤不启，不悱不发。举一隅不以三隅反，则不复也。"意思是说，教导学生，不到他冥思苦想仍不得其解的时候，不去开导他；不到他想说却说不出来的时候，不去启发他。给他指出一个方面，如果他不能由此推知其他三个方面，就不再教他了。

《易经》中也有一卦，叫蒙卦，也是专门讲教学之道的，与孔子的理念不谋而合。蒙卦中说："匪我求童蒙，童蒙求我。"意思是说，一定要让学生主动学习，而不是教师一厢情愿地搞知识灌输，教师只要做好启发就好了。

一个高明的教师，其实就是一个善于引导的教师。他总能找准时机，适时点拨，使学生常有一种豁然开朗或茅塞顿开的感觉。

孔子最得意的弟子颜回就这样评价他的老师。

"夫子循循然善诱人，博我以文，约我以礼，欲罢不能。"意思是说，老师善于一步一步地诱导我，用各种典籍来丰富我的知识，又用各种礼节来约束我的言行，使我想停止学习都不可能。

各位同事，如果大家没时间通读《论语》，建议大家再回过头来研究一下我们教材中的《侍坐章》，这是典型的孔子课堂，完美地体现了孔子的教学理念。这其实就是一堂语文课，一堂口头作文课，题目就是《我的理想》。大家不妨从课堂的导入、师生的互动、孔子的点评等多个角度来欣赏这堂课。在这堂课上，学生们纷纷发言，不但精彩，而且深刻。这与孔子的有效引导是分不开的。课堂上的这几位同学，后来个个取得杰出的成就。子路是出色的军事家。冉求不但懂军事，而且懂经济。公西华精通礼仪，孔子的葬礼就是他主持的。曾皙呢，洒脱豪放，后来生了个儿子叫曾参。

各位同事，孔子的教学之道是说不尽的话题。我觉得，作为老师，尤其是语文老师，绝对不能崇洋媚外。有的专家，一讲到教育理论，言必称希腊，我觉得这是高度的文化不自信。其实他们所说的，我们的老祖先早在几千年就提出来了。我还是那句话，好好读《论语》，感悟孔子的教学之道，争做中国好老师。

谢谢大家，我的发言到此结束。

《论语》可以当小说来读

——在高一语文备课组集体备课上的发言

各位老师：

关于《侍坐章》我们刚才进行了充分的讨论，接下来我要继续深入谈一下我刚才的观点：《论语》可以当小说来读。

我之所以这么说，是因为我们都承认，《论语》确实具有一定的文学性。但是，当我们真正要读的时候会发现，《论语》根本不像小说，而只是人物语言的记录，但这恰恰是《论语》的魅力。虽然它不像传统小说那样，情节曲折生动，但是一旦我们把《论语》烂熟于心，我们将会读出超越字面意思之上的人物形象。就像我们刚才讨论过的《侍坐章》一样，文中每一个人物都给我们留下了深刻的印象。孔子的善诱，子路的率真，冉有的谦逊，公西华的有礼，曾点的狂放，莫不栩栩如生。如果我们通读全书，这种感觉会更加强烈的。现代著名学者杨绛说过："读《论语》，读的是一句一句话，看见的却是一个一个人，书里的一个个弟子，都是活生生的，一个一个样儿，各不相同。"

当然，把《论语》当小说来读，其实是一种深层次的跨文化的审美体验，这种体验完全不同于读中国传统小说。正如著名学者金克木说的，《论语》"对话、故事、议论和人物互相穿插"，往往"突破时空程序，另有逻辑结构"，"越想越觉得奥妙无穷"。因此他认为"《论语》是一部现代派或后现代派或未来派的小说。虽是两千几百年以前的作品，但恐怕要到两千年以后才有可能逐渐被人真正认识"。

各位老师，能把《论语》当小说来读的，其文化层次和审美水平必须达到一定的高度，我觉得作为高中语文老师，我们完全具备这个能力。

好的，我的发言结束，谢谢大家！

读《论语》，可与佛经互参

——在榆林市靖边县读书协会"周末大讲坛"的讲座

各位书友：

大家上午好！今天我讲座的题目是《读〈论语〉，可与佛经互参》。我曾经说过，读《论语》有三境界，第三境界就是把《论语》与佛经互参来读。为什么这样说？我们首先要明白两个相似性。一是《论语》与佛经的相似性，二是佛陀与孔子的相似性。

我们先谈《论语》与佛经相似之处。

一、二者都是由弟子结集而成

佛陀一生讲经四十九年，说法三百余会，但并未留下任何文字记录。我们现在读到的佛经，都是佛陀逝世后由弟子们举行集会，共同审定和编纂的。根据世界各国佛教界共同认可的史料记载，佛陀去世后，佛教经典至少进行过 4 次结集。

为什么要进行佛教经典的结集呢？传统的观点是这样的。佛陀涅槃后，有愚痴弟子快慰地说："佛常言，应行是，应不行是；应学是，应不学是。我等于今，始脱此苦，任意所为，无复拘碍。"也就是说，他们今后不再受约束了。结果，这些话让大迦叶听到了。大迦叶非常痛心，决定立刻召开结集大会，于是就有了最重要的第一次结集。

第一次结集是在王舍城附近的七叶窟前举行的。史料记载，这次结集，由多闻第一的阿难尊者回忆口述佛陀宣讲的经文，然后由在场的其他五百名阿罗汉确定无异议后才算通过。阿难尊者博文强记，长期侍从佛陀，在佛陀生前就被选定为诵经人。

一般认为，这次集会，除了完成经文的结集，也完成了律、论的结集。只不过律、论的复述者是另外两人。

《论语》的结集，历史上也存在着不同的认识和看法。但无论如何，都承认《论语》也是由孔子弟子及再传弟子结集而成的，比较权威的就是《汉书·艺文志》中的说法。

"《论语》者，孔子应答弟子、时人及弟子相与言而接闻于夫子之语也。当时弟子各有所记，夫子既卒，门人相与辑而论纂，故谓之《论语》。"

后世学者认为，《论语》的成书乃是孔门内部有统一组织、弟子广泛参与、时间跨度长的集体编纂活动。在这一过程中，孔门各派弟子及再传弟子都参与其中。整部经典反映的是众多弟子包括再传弟子眼中的孔子，而不是某一个人或几个人所理解的孔子。当然说《论语》是集体编纂，并不否认个别弟子所起的作用。进行这样一项活动，自然要有统一的组织者。而能成为结集的组织者，自然是孔门弟子中有影响的人物，如有子、曾子、子夏、子游、仲弓等。

二、二者都是让人觉悟的书

佛学认为，人人皆可成佛，都有佛性，只是我们浑然不觉。读佛经，就能开发我们自身的佛性，让我们觉悟起来。佛者，觉也。《华严经》中记载，成道后的佛陀第一句话就说："奇哉，奇哉，一切众生悉皆具足如来智慧德相，只因妄想执著不能证得！"读佛经就是让人除去妄想执著，明心见性。

孔子认为，人的最高境界是"仁"，其实就类似"佛"的境界。如何达到这一境界呢？孔子在回答颜回的这一问题时明确指出：克己复礼。克己，也是克制自己妄念的意思。儒家也认为，人人皆可为尧舜。

《论语》第一则"学而时习之"的"学"字，古人认为就是"觉"的通假字。如此说来，《论语》整部书就是让人如何觉悟的。正如朱子在《论语集注》所言，"人性皆善，而觉有先后，后觉者必效先觉者，乃可以明善而复其初也。"这里的"善"，不是与"恶"相对，而是代表了一种圆满。朱子认为，人人都是至善圆满之人，只不过我们暂时偏离了这一点，只要我们学习古圣先贤，都可以恢复本来的样子。

三、二者都是对话体

一是因为他们的教学方式相同，都采用一问一答的方式。因为他们都"不愤不启、不悱不发"，只有学生主动来问时，他们才会讲解。二是因为他们都是用声音来教学的，因此记录下来就应该是对话体。

为什么佛陀与孔子都采用声音教学呢？《楞严经》中给了我们一个权威的说法。我们这个世界叫娑婆世界，这个世界的众生六根中耳根最利。既然耳根最利，那么最好的教学手段就是声音教学了。

我们再谈佛陀与孔子的相似性。

一、两人几乎出生在同一时代

一般认为，佛陀比孔子早出生13岁左右。有意思的是，在这一时期，其他文明也都出现了伟大的精神导师，如古希腊的苏格拉底、柏拉图和亚里士多德。这一时期也被学者称为人类文明的"轴心时代"。

二、两人都述而不作，他们的经书都是由弟子结集而成的

子曰："述而不作，信而好古，窃比于我老彭。"

佛说："若人言，如来有所说法，即为谤佛。"

这是他们的原话，说明他们都述而不作。。

三、两人都不注重物质生活

佛经中记载，佛陀经常亲自托钵乞食。三衣一钵，日中一食，树下一宿，这是他们的生活常态。用来盛饭的钵，材质粗劣，颜料普通，容量偏小。平时穿的衣服，也被称为"百衲衣"或"粪扫衣"，是用拾取的俗人丢弃或散落在垃圾场及墓地等处的破衣碎布经过染色缝制而成的。

孔子也不注重物质追求。他说："饭疏食，饮水，曲肱而枕之，乐亦在其中矣。"在孔子看来，真正的乐不是世间五欲六尘的享受，而在于心中追求的道。

四、两人都有常随众

佛陀讲经四十九年，说法三百余会，每到一处，长期跟随者就有一千二百五十人。孔子周游列国，跟随者虽不及佛陀，但也有百人左右。

五、两人都主张有教无类

佛陀弟子中，有穷人，有富人，有地位高的，有最底层的，有曾加害过自己的，有根性利的，也有根性差的。

佛陀在世时，有一个弟子叫周利槃陀伽，可以说是世界上最笨的人了。他和哥哥同时出家，追随佛陀。但三年下来，连一个偈子也背不下来。哥哥觉得他不具备出家的根基，叫他还俗。他很痛苦，在路边哭泣。佛陀看见了，就问怎么回事。佛陀了解了情况，就把他带了回来，教他两个字——"扫帚"，让他天天念。但是，他竟然连这两个字也记不住。佛陀慈悲，就又劝他一边扫地一边念这两个字。日复一日，月复一月，年复一年，有一天，周利槃陀伽突然想："屋里屋外都有灰尘，那人心里面的灰尘是什么？"结果他开悟了。

孔子弟子成分也复杂。有贵族，有平民，有穷人，有富人，有顶撞过自己的，也有坐过牢的。

孔子的弟子公冶长据说就坐过牢，孔子不但不嫌弃他，甚至还把女儿嫁给他。子路曾经凌辱过孔子，但孔子耐心教导，终使子路成为自己最忠实的弟子之一。

《荀子·法行》中有这样一段记录。

南郭惠子问于子贡曰："夫子之门何其杂也？"子贡曰："君子正身以俟，欲来者不拒，欲去者不止。且夫良医之门多病人，檃栝之侧多枉木，是以杂也。"

意思是说，南郭惠子问子贡说："孔夫子的门下怎么那样混杂呢？"子贡说："君子端正自己的身心来等待求学的人，想来的不拒绝，想走的不阻止。况且良医的门前多病人，整形器的旁边多弯木，所以夫子门下来往的人就庞杂。"

我觉得这一段记载就说明了他们学生成分复杂的原因，当然最根本的原因是两个人都有慈悲心肠，才让他们都主张有教无类。

六、两人都采用启发式教学

孔子指出，不愤不启，不悱不发，这明确地表明自己就是启发式教学。佛陀也一样，读佛经时，我们会发现，佛陀讲法都是弟子问的时候才说，并且在讲法的过程中，不断启发弟子层层追问，启发弟子进行思考和顿悟。

七、两人都有所谓的十大弟子

佛陀十大弟子即佛弟子中特别卓越之十人，他们皆具众德而各有偏长，故称第一。

十大弟子分别是：

智慧第一，舍利弗。

神通第一，目犍连。

头陀第一，摩诃迦叶。

天眼第一，阿那律。

六、讲座篇

解空第一，须菩提。

说法第一，富楼那。

论义第一，迦旃延。

持律第一，优婆离。

密行第一，罗睺罗。

多闻第一，阿难。

孔子也有所谓的孔门十哲。孔门十哲是孔子门下最优秀的学生的合称，他们也皆具众德而各有偏长。分别是

德行：颜渊、闵子骞、冉伯牛、仲弓。

言语：子我、子贡。

政事：冉有、子路。

文学：子游、子夏。

各位书友，由于时间关系，我就不再展开论述。我要说的是，既然如此，我们何不把《论语》与佛学经典互参来读。事实上，中国古代的高僧大德就是这样读《论语》的，他们学了佛学经典后，才真正理解了《论语》，真正理解了孔子。

比如，《论语》第一则第一句话，"学而时习之，不亦说乎"，若仅从字面意思来解读，则索然无味。若了解佛学，我们就知道，这句话实际上在讲，学儒与学佛一样，必须经历四个阶段：信解行证。"学"是信解，"时习"是行，"悦"就是证。如此看来，把它作为《论语》第一句话是大有深意的。

各位书友，把《论语》与佛经互参来读是读《论语》的最高境界。但遗憾的是有人竟然把《论语》当心灵鸡汤去读，我觉得这是对经典的亵渎，对圣人的不敬。

好的，今天的讲座到此结束，谢谢大家！

后　记

　　严格地讲，这本书是由三人完成的。
　　一个是我父亲。我对《论语》的热爱很大程度上源于父亲对我的影响。父亲对我的教育、父亲的为人处世原则都是以儒家思想为标准的，我现在依然记得父亲常常引用孔子的名言教导我、开导我。父亲师从名医，一生以中医为业，救死扶伤。医易同源，正是因为父亲的熏陶，我才领略到了易学之妙，并有意接触易学研究《易经》，相信读者朋友们在本书中发现了不少《易经》的影子。父亲相信因果，一生行善，晚年常念《阿弥陀经》。这至少让我在心理上亲近佛学，并有缘接触佛经。正是在学佛经的过程中，我才发现了读《论语》的新天地，并最终形成了我的"读《论语》的三境界"说。
　　一个是我儿子王宇。儿子从小就喜欢读书，在我写书过程中，他的很多建议都给了我极大的启发。儿子上小学时就熟读《论语》，对《论语》有着自己的理解。书中人物的介绍方式、全书体例安排等我都采纳了儿子的建议。
　　一个是我，而我或许仅为代言人。
　　这本书究竟适合谁读呢？我在前言中说，尤其适合广大教育工作者及学生群体。也许有人认为这种说法太笼统，比如，学生群体有大中小学之

后记

分，明显不在一个层次上。其实这是多虑了，正如上天普降甘霖，大树吸收得多一点，小草吸收得少一点而已。人文学科不同于其他学科，对读者的知识层次的要求并不是那么分明。只要你热爱传统文化，都可以拿来读一读。

当然，由于本人水平有限，书中观点仅为一家之言，恳请各位读者批评指正。